Surmonter la dissociation émotionnelle

Un outil simple et pratique pour apaiser l'anxiété, reconnaître vos besoins et vous affirmer avec confiance !

Nancy Loyat

© Copyright 2025, Nancy Loyat – Tous droits réservés.

Le contenu de cet ouvrage ne peut être reproduit, copié, stocké, ou transmis, en totalité ou en partie, sous quelque forme ou par quelque moyen que ce soit — électronique, mécanique, photocopie, enregistrement ou autre — sans l'autorisation écrite préalable de l'auteur ou de l'éditeur.

En aucun cas l'auteur ou l'éditeur ne pourra être tenu responsable, de manière contractuelle, délictuelle ou autre, pour tout dommage, perte, réclamation ou préjudice, direct ou indirect, résultant de l'utilisation des informations contenues dans le présent ouvrage. Le lecteur demeure pleinement responsable de ses décisions, de ses actions, ainsi que des résultats qui en découlent.

Mentions légales :

Le présent ouvrage est protégé par le droit d'auteur, conformément aux dispositions du Code de la propriété intellectuelle. Il est destiné exclusivement à un usage personnel et privé. Il est interdit de modifier, reproduire, distribuer, commercialiser, citer ou adapter tout ou partie de son contenu, sans l'accord écrit préalable de l'auteur ou de l'éditeur.

Clause de non-responsabilité :

Les informations présentées dans cet ouvrage sont fournies à titre purement informatif, éducatif et ludique. Tous les soins ont été apportés afin d'assurer l'exactitude, la fiabilité et l'actualité des contenus. Toutefois, aucune garantie, expresse ou implicite, n'est donnée. Le lecteur reconnaît que l'auteur ne se livre en aucun cas à une activité de conseil juridique, médical, financier ou professionnel.

Le contenu présenté est issu de sources diverses et ne saurait se substituer à un avis personnalisé émanant d'un professionnel compétent. Il est vivement recommandé de consulter un spécialiste agréé avant de mettre en œuvre toute méthode ou recommandation contenue dans cet ouvrage.

En consultant ce document, le lecteur accepte que l'auteur ne saurait être tenu responsable de toute perte ou dommage, direct ou indirect, résultant de l'utilisation des informations qu'il contient, y compris, sans que cela soit limitatif, les erreurs, omissions ou imprécisions.

Contents

Épigraphe	IV
Introduction	VII
1. Un pouvoir mal utilisé	1
2. Conséquences des abus sexuels	11
3. Avant de me souvenir	23
4. Vers Des Relations Saines	35
5. Retrouver l'estime de soi	46
6. La dissociation émotionnelle	52
7. Se souvenir	65
8. Réponses apaisantes	71
9. Outils pour contrer la dissociation	81
10. La stratégie des trois étapes simples	90
11. Les 5 Libertés (de Virginia Satir)	94
12. Faites une différence grâce à votre avis	106
13. Conclusion	108
14. Ressources	113

ÉPIGRAPHE

Un Outil Pour Se Retrouver

Quand j'ai commencé à écrire ce livre en 2022, **je ne réalisais pas encore** que j'appliquais instinctivement **des techniques issues de la TCD (Théorie Comportementale Dialectique) et de la TCC** (Théorie Cognitivo-Comportementale) dans mon processus de guérison. Parmi elles, **l'ancrage et la tenue d'un journal sur les déclencheurs** ont joué un rôle clé.

J'ai naturellement mis en pratique **ce que j'avais appris lors de mes séances de groupe.**

Mais ce qui m'a le plus aidée, ce qui m'a permis **d'affronter les moments difficiles au quotidien**, c'est **l'ancrage.**

Je sais que cela peut sembler fastidieux au début, mais ça fonctionne ! Mais je vous encourage à essayer le défi que j'ai préparé. C'est un outil qui a changé ma perspective, et j'ai voulu le partager avec ceux qui, comme moi, ont longtemps souffert de ne pas pouvoir exprimer ni ressentir pleinement leurs émotions.

Un Outil Concret à Votre Disposition

Dans le chapitre 10, vous trouverez :

Un exercice d'ancrage à utiliser quotidiennement ou dès que l'anxiété se fait sentir.

Un lien direct pour télécharger votre exemplaire du défi 7-jours.

Exprimer et comprendre ses besoins est une compétence que l'on peut développer.

Avec du temps et de la pratique, **cela devient plus naturel.**

Je vous souhaite d'entamer une nouvelle ère... Une ère dans laquelle vous pourrez reconnaître la dissociation, où la sidération émotionnelle laissera place à des sensations et des mots.

Une ère dans laquelle **vous apprendrez enfin à identifier et à nommer vos besoins.**

INTRODUCTION

Les Cicatrices Invisibles de l'Enfance

Les enfants sont les êtres les plus confiants et innocents qui soient. Avant de grandir et d'apprendre à se protéger, ils sont ouverts au monde, pleins de vie, honnêtes, et toujours prêts à voir le meilleur en chacun— surtout chez ceux qu'ils aiment et en qui ils ont confiance.

Mais imaginez qu'un des pires actes possibles soit commis contre un enfant. Non pas par un étranger, mais par un adulte en qui il avait confiance... ou pire encore, en qui ses propres parents avaient confiance.

Lorsqu'un adulte subit une telle violence, c'est un choc profond. Mais lorsqu'un enfant en est la victime, ce n'est pas seulement l'innocence qui s'effondre — c'est tout son être qui vacille. L'impact peut marquer son esprit pour des années, parfois pour toute une vie.

Un Crime aux Conséquences Profondes

Un abus subi dans l'enfance n'affecte pas uniquement l'esprit. Il s'imprime jusque dans les cellules du corps, laissant derrière lui une empreinte non seulement invisible, mais destructrice, une énergie négative qui continue de hanter l'âge adulte. C'est ce qui arrive quand on subit un abus sexuel enfant.

Le pire ?

Les chances que cet acte reste impuni sont malheureusement très élevées. Et cela laisse souvent sans voix. Il peut survenir sous les yeux de n'importe qui, sans que personne le voie vraiment. Quant à ses conséquences, elles peuvent être visibles, criantes même... et pourtant, leur origine passe inaperçue. Elles peuvent causer :

Une dépression inexpliquée.

Une anxiété constante.

Des comportements autodestructeurs.

Et ce qu'il y a de plus cruel, parfois, c'est qu'elle ne comprend même pas pourquoi elle souffre autant. Si vous avez vécu cela, vous le savez : le traumatisme ne disparaît jamais complètement. Il devient comme ce chien noir qui vous suit partout — une ombre silencieuse, toujours tapie derrière vous. Peu importe la distance parcourue, il est là.

Vous tentez d'oublier. Mais les souvenirs reviennent. Parfois brutalement, parfois en douceur... sans prévenir, sans votre accord. Vous faites de votre mieux pour avancer, pour guérir, pour vous reconstruire. Mais ce qui s'est passé dans l'enfance reste là, comme un poids invisible. Il ralentit vos pas, il freine vos élans.

Un Mur de Colère Sans Explication

Je ne me souvenais pas de l'abus sexuel avant mes 31 ans. Pendant des décennies, je ne comprenais pas pourquoi certaines situations anodines provoquaient en moi des réactions excessives.

INTRODUCTION

Je me sentais en décalage avec moi-même. Une colère profonde m'habitait, mais il n'y avait aucune cause apparente à laquelle l'attribuer. Puis, les souvenirs sont remontés. Et j'ai compris.

Je ne me souvenais pas des faits des abus avant l'âge de 31 ans. Pendant plus de 25 ou 26 ans, je n'avais aucune idée de la raison qui me poussait à réagir de manière excessive à des situations toutes simples. Cette blessure en moi a empoisonné ma vie. Ça s'exprimait surtout dans mes relations affectives, me rendant incapable de surmonter les difficultés quotidiennes. J'avais une rage profonde à l'intérieur, mais il n'y avait pas de cause claire et externe à laquelle je pouvais l'attribuer. Ce n'est que lorsque les souvenirs sont remontés à la surface que j'ai réalisé que cette colère était un vestige des abus, enfoui au plus profond de ma psyché. Avant l'émergence des souvenirs douloureux, j'en étais venue à croire que je pouvais percevoir de la haine ou de la colère chez les autres, sans aucune raison rationnelle. J'étais conditionnée à ce que les gens réagissent négativement envers moi. J'attendais toujours qu'une dispute ou un conflit éclate.

À ce stade, tout ce que vous voulez, c'est de cesser d'être seulement une victime et de souffrir. Peut-être avez-vous suivi une thérapie ou eu recours à du counseling, et peu importe à quel point vous essayez, vous ne parvenez pas à mettre en pratique de manière cohérente ce que vous avez appris. Vous voulez faire face à vos émotions, les gérer lorsque vous vous énervez ? Vous voulez arrêter les comportements d'auto-sabotage (fuite des responsabilités) ? Vous aimeriez faire une pause dans cette culpabilité mal dirigée qui vous ronge ? Vous voulez savoir comment agir de manière positive, malgré toutes vos émotions fortes ? Vous voulez créer et entretenir des relations saines, dans lesquelles vous êtes miraculeusement capable d'identifier et d'exprimer vos besoins ? Vous aimeriez améliorer votre vie avec votre partenaire, dans votre travail ou votre carrière, et avec votre famille ? Plus important encore, vous voulez en savoir plus sur vous-même et comprendre ce qui se passe dans votre esprit, afin de vous accorder la paix et la justice que vous méritez ?

Ces désirs sont naturels.

Cependant, pour vous, ils sont plus difficiles à réaliser qu'ils ne le sont pour les autres. La terrible emprise des abus sexuels pendant l'enfance, avec tous ses symptômes associés, vous retient dans votre vie actuelle.

Je le sais. Parce que je l'ai vécu.

Les Répercussions Invisibles du Traumatisme

En tant que personne ayant subi un abus sexuel dans l'enfance, j'ai dû affronter ses répercussions pendant des années.

Pour beaucoup d'entre nous, cela commence ainsi :

L'esprit bloque certains souvenirs,

On se souvient vaguement de certaines choses, mais elles semblent floues, irréelles,

Parfois, il n'y a aucun souvenir conscient de l'événement.

Puis viennent l'adolescence et l'âge adulte, avec leur lot de problèmes inexpliqués :

Dépression

Anxiété généralisée

Crises de panique

Troubles alimentaires

Pour moi, c'était la dissociation et l'anxiété généralisée.

Comprendre la Dissociation

INTRODUCTION

Je connaissais intimement cet état bien avant d'en comprendre le sens. Parfois, un simple stimulus —un mot, une image, une odeur, un stress— et je me déconnectais complètement de la réalité. J'avais l'impression de sortir de mon corps, incapable d'entendre ce qui se passait autour de moi. Une vague d'émotions indescriptibles me submergeait, mais je ne parvenais pas à leur donner un nom.

Quand j'expliquais ce que je vivais, on me disait souvent :

"Ça ressemble à un trip sous drogue."

Mais ils ne comprenaient pas la vraie nature de la dissociation. C'est bien plus qu'un simple détachement. C'est une perte d'identité.

Qui suis-je vraiment ?

Pourquoi suis-je ici ?

Mon corps est-il bien le mien ?

Ma vie est-elle réelle ?

Ces pensées surgissent comme une vague, vous laissant paralysé(e), paniqué(e), déconnecté(e) de vous-même. Et dans ces moments-là, vous n'avez qu'une envie : fuir.

Vivre avec la Dissociation

La dissociation, c'est ce qui vous arrache mentalement du présent. Vous êtes en pleine conversation... Et soudain, votre esprit part ailleurs. La voix de votre interlocuteur semble lointaine, comme si elle venait de l'autre côté d'une vitre. Vous n'êtes plus complètement là, juste en train d'observer. Votre attention se disperse, un mot, un objet, un lieu peut vous faire basculer. Et dans ce genre de situation, les autres ne comprennent pas.

Ils pensent que vous ne les écoutez pas, que vous êtes indifférent(e). Alors que la vérité, c'est que vous êtes incapable de vous connecter à une partie de vous-même.

Une partie enfouie, cachée dans l'ombre.

Un sentiment de culpabilité ou de honte plane en permanence. Comme un voile, vous empêchant d'être pleinement présent(e).

L'Impact sur le Quotidien

Parfois, lorsque je revenais à moi, je réalisais que j'avais perdu des morceaux de ma mémoire.

Mon corps continuait de fonctionner, mais je ne me souvenais plus de ce que j'avais fait, dit ou ressenti.

D'autres fois, une crise d'angoisse m'envahissait immédiatement, m'empêchant de reprendre ma journée normalement.

Et le pire, c'était lorsque la dissociation me projetait dans un flashback douloureux.

Imaginez-vous en pleine réunion professionnelle, et soudain... vous revivez une scène d'enfance qui a tout bouleversé. Ou encore, votre corps réagit sans que vous sachiez pourquoi. Une douleur inexpliquée au bas-ventre ou un malaise soudain, sans raison apparente

C'était épuisant, mentalement, physiquement, émotionnellement. Et ça nuisait à ma vie professionnelle. Comment avancer, quand votre esprit et votre corps sont en guerre contre vous-même ?

Trouver une Issue : Le Pouvoir du Soutien

Pendant longtemps, j'ai essayé d'avancer seule. J'avais l'impression que si je me forçais à être plus forte, si je serrais les dents, alors peut-être que tout finirait par s'arranger. Mais ça ne fonctionnait pas. Puis, un jour, j'ai franchi une porte qui allait tout changer : celle d'un groupe de soutien.

Ce groupe destiné aux survivantes d'abus sexuels a transformé ma vie.

J'y ai trouvé des femmes incroyables, courageuses, qui comprenaient ce que je vivais.

J'ai enfin pu mettre des mots sur mes souffrances.

J'ai compris que je n'étais pas seule.

Grâce à ce groupe, j'ai commencé à me reconnecter à moi-même . J'ai pu apprivoiser ma dissociation , et j'ai appris comment transformer ma souffrance en force. C'est ce groupe, ces femmes, ces expériences, qui m'ont inspirée à écrire ce livre .

Ce que vous trouverez dans ce livre

Ce que j'ai appris, je veux le partager avec vous. Parce que vous aussi, vous pouvez vous libérer.

Dans ce livre, vous découvrirez :

Comment reprendre le contrôle de votre vie

Comment cesser de subir et de commencer à choisir

Comment exprimer vos besoins et créer des relations saines

Comment gérer vos émotions sans être submergé(e)

Comment vous libérer du poids du passé

Je ne suis ni thérapeute, ni psychologue. Mais j'ai appris à surmonter la dissociation, la dépression et l'anxiété.

Et ce savoir, je veux vous le transmettre.

Vous n'êtes pas seul(e).

Ce livre contient des stratégies concrètes, des outils simples, une méthode en trois étapes pour surmonter l'anxiété. Mais plus que tout, il est là pour vous offrir un espace de compréhension et d'espoir.

Parce que vous méritez la paix.

Puisque vous avez déjà en vous la force de guérir.

Et je veux vous aider à la retrouver.

1

UN POUVOIR MAL UTILISÉ

Le Poids du Silence

Un secret gardé trop longtemps finit par ronger l'âme, parfois sans même qu'on en ait conscience. On ne choisit pas toujours de le taire—parfois, il se cache de lui-même, s'enfouissant au plus profond de notre esprit.

Le mien était si bien enfoui qu'il a fini par creuser un gouffre entre mes souvenirs et ma réalité. Avec le temps, une fracture s'est installée entre la personne que je montrais aux autres et celle que je portais en moi.

C'est exactement ce qui m'est arrivé.

Ma vie s'est scindée en deux : celle d'avant et celle d'après l'abus sexuel.

Bien plus tard, lorsque j'ai rejoint des fraternités anonymes et un groupe de soutien pour survivants d'abus sexuels dans l'enfance, une nouvelle séparation s'est produite. Mais c'est la première rupture qui a tout changé , me coupant de mon corps, de mon esprit et de mes émotions.

Pour comprendre cette histoire, il faut remonter à ses racines : la famille. C'est là que tout commence.

Un Avant et un Après

Quand une personne ayant vécu un traumatisme raconte son histoire, elle commence souvent par cette idée : Il y avait une vie "normale", avant que tout ne bascule. Mon histoire ne fait pas exception. Ce qui n'était pas normal, c'est que j'ai subi un abus sexuel vers l'âge de 5 ou 6 ans.

Et pourtant... ces souvenirs sont restés profondément enfouis. Ils dormaient en moi, silencieux, jusqu'à ce qu'un autre événement, des décennies plus tard, vienne fissurer ma réalité. C'est à ce moment-là que tout a refait surface.

Un environnement marqué par son époque

J'ai grandi dans un foyer typique des années 1960. Mon père était ingénieur, le pourvoyeur de la famille, mais son rapport à l'alcool était trouble. Ma mère, elle, s'occupait de la maison. Nous n'étions pas particulièrement pratiquants, même si certaines valeurs religieuses imprégnaient notre quotidien.

Je suis né(e) au Québec, une province francophone du Canada, où l'influence de l'Église était alors omniprésente . Par influence, j'entends qu'elle contrôlait pratiquement tous les aspects de la société , en particulier ceux qui concernaient les citoyens : l'éducation, les services sociaux, la santé, les syndicats... Mes parents ont grandi dans cette réalité et en ont ressenti l'emprise jusque dans leur vie adulte. Chaque dimanche, les églises de quartier étaient pleines. C'était un rituel immuable, un cadre que personne ne remettait en question.

Le Québec en Mutation

L'essor économique de l'après-guerre a permis à une nouvelle génération d'accéder aux études supérieures, formant une classe moyenne en quête de modernité.

Un vent de changement soufflait sur la province : Ces nouvelles élites voulaient s'émanciper de l'Église, dont l'influence pesait encore sur les décisions du gouvernement. Petit à petit, la religion perdait du terrain, remplacée par une vision plus progressiste de la société. Dans les foyers, un mode de vie plus moderne s'installait, et l'émancipation collective gagnait les rues. Dès 1970, la transformation était presque totale : l'État avait récupéré la majorité des responsabilités sociales autrefois assumées par l'Église.

Un Climat Qui Façonnait le Silence

L'environnement dans lequel on grandit joue un rôle déterminant dans la façon dont on vit et interprète les événements. Bien sûr, la famille et le cadre immédiat influencent une vie, mais c'est le contexte historique qui la modèle en profondeur. Dans mon cas, cette société a aggravé le traumatisme que j'ai subi.

À l'époque, les figures religieuses étaient intouchables. Elles inspiraient respect et admiration. On les traitait comme des rois. Les remettre en question relevait presque du blasphème. Après tout, ces hommes représentaient l'exemple moral à suivre. On leur faisait confiance aveuglément, car la religion était encore au cœur de la société. Elle semblait offrir une protection et des droits que l'État capitaliste et "maléfique" nous refusait.

L'Impensable

Comme je l'ai mentionné, l'Église dictait les règles : l'éducation, l'aide sociale et même le monde syndical. Dans un tel climat, personne n'aurait imaginé qu'un curé puisse faire du mal à qui que ce soit... encore moins à un enfant. J'étais en maternelle. Un âge où l'innocence ne connaît pas le danger.

Je me souviens du curé qui vivait près de mon école, juste au bout de ma rue . À cette époque, les quartiers étaient soudés: Tout le monde se connaissait. Les enfants circulaient librement. On se sentait en sécurité. Ce curé était apprécié, surtout des plus jeunes. Il distribuait des bonbons et des friandises aux enfants qui venaient lui rendre visite.

Un jour, ma cousine et moi avons décidé de faire un détour jusqu'à chez lui. Elle avait trois ans. Moi, deux de plus. Nous avons frappé à sa porte.

Nous avons attendu. C'est tout ce dont je me suis souvenu... pendant vingt ans.

Les Mécanismes de la Mémoire

Il y a quelque chose d'étrange avec la mémoire, surtout quand on est jeune. Peut-on vraiment lui faire confiance ?

Nos souvenirs ne sont pas seulement le reflet de ce que nous avons vécu, ils sont aussi façonnés par ce que l'on nous raconte et par la manière dont nous tentons de donner du sens à nos expériences .

Avez-vous déjà regardé une photo de votre enfance, d'un moment dont vous n'aviez presque aucun souvenir? Puis, un parent vous raconte l'histoire derrière cette image, et avec le temps, ce récit devient votre souvenir. Sans même vous en rendre compte, vous finissez par croire que vous vous en souvenez , alors qu'en réalité, ce souvenir appartient à quelqu'un d'autre.

Les Trous de Mémoire et les Pièces Manquantes

L'esprit fonctionne comme un écran mental, projetant une histoire, même lorsqu'il manque des morceaux du film. Lorsqu'on ne comprend pas quelque chose, il comble les blancs.

J'avais un immense vide dans mon esprit à propos de ce qui s'était passé ce jour-là, chez le curé. Pendant des années, ce souvenir est resté caché derrière un mur, invisible mais bien présent. Jusqu'au jour où, dans la trentaine, alors que je faisais mes courses, un flashback a fissuré cette barrière. J'y reviendrai plus tard. Mais l'essentiel, c'est que je sais maintenant ce qui s'est passé. Je sais que le curé m'a utilisée pour sa propre satisfaction.

L'essentiel, ce ne sont pas les détails, ce sont les émotions imprimées dans mon âme ce jour-là: La confusion. L'impuissance. Le malaise profond. Le dégoût. Des sentiments qu'un enfant ne peut même pas nommer, mais que je peux aujourd'hui associer à des mots.

Je me suis sentie utilisée, jetée, réduite à rien. Moins qu'humaine. Le choc était immense. Je ne crois pas que mon petit cerveau d'enfant ait pu comprendre ce qui se passait, seulement que c'était horrible. Et que cet homme était un monstre.

Quand la Morale Échoue

On dit souvent que les bonnes mœurs s'enseignent. Mais quand un enfant, si jeune soit-il, ressent au plus profond de lui que ce qu'il subit est une abomination, on comprend que certaines choses sont intrinsèquement immorales et inhumaines.

Imaginez donc une enfant, sans défense, traversant l'une des expériences les plus horribles qu'un être humain puisse connaître. Puis, elle rentre chez-elle, cherchant un refuge, un réconfort, une protection.

Son instinct lui dit que ses parents sont là pour la prendre sous leurs ailes, inconditionnellement. Mais maintenant, imaginez que cette enfant, au lieu d'être accueillie avec amour, trouve des reproches, du rejet, de la froideur. Que se passe-t-il alors dans l'esprit d'un enfant ? Quel message retient-il sur le monde, sur la vie ?

Je suis rentrée chez moi. Je l'ai dit à ma mère. Elle m'a traitée de menteuse.

Je ne sais pas comment une enfant de cinq ans pourrait inventer une telle chose. Je ne sais vraiment pas. Ce n'était pas comme si j'avais pu être exposée à des images ou des histoires qui auraient pu influencer mon imagination. Les enfants apprennent à mentir, oui, mais leurs mensonges sont faciles à repérer.

Et pourtant, ma mère a choisi de ne pas me croire.

"Un curé ? Faire une chose pareille ? Impossible."

C'est ce que ma mère a voulu croire. C'est ce que je voulais comprendre.

Comment une mère peut-elle choisir de défendre un homme religieux vaguement important, plutôt que l'enfant qu'elle a portée, qu'elle a élevée, pour qui elle a souffert et pleuré ? Ça aussi, je voulais le savoir. Mais il n'y avait pas de réponse ce jour-là.

Ma mère m'a envoyée dans ma chambre. J'y suis restée des heures.

Le Début du Silence

Je serais incapable de dire ce que je faisais ou ce que je ressentais à ce moment-là. Quand j'y repense aujourd'hui, c'est comme si je regardais un film de l'extérieur, en spectatrice. J'étais en état de choc.

Je crois que ma mère s'attendait à ce que je passe à autre chose rapidement, que je finisse par revenir à la normale. Mais comme ce n'était pas le cas, elle est venue me voir. Lorsqu'elle est entrée dans ma chambre, j'ai ressenti une étincelle d'espoir. Peut-être qu'elle avait réfléchi. Peut-être qu'elle allait s'excuser.

Peut-être qu'elle me croyait maintenant et qu'elle allait agir. Vraiment, je n'avais aucune idée de ce qu'elle allait faire. Un simple câlin, quelques mots rassurants... C'est tout ce dont j'avais besoin.

Elle s'est approchée et s'est agenouillée à ma hauteur. "Écoute. Ne dis rien à ton père, d'accord ?"

L'espoir s'est évaporé. À cet instant, quelque chose en moi s'est éteint. C'était le début de mon silence. Nous n'en avons plus jamais parlé. Je n'en ai plus jamais parlé.

Et si on n'en parle pas... est-ce que ça a vraiment eu lieu ?

Quand l'Indifférence Devient une Blessure

Les experts affirment que la manière dont un abus sexuel subi dans l'enfance est accueilli par les adultes a un impact déterminant sur l'ampleur des séquelles. En ne faisant rien, ma mère a fait la pire chose qu'elle pouvait me faire. J'ai reçu le message, limpide et brutal :

- Même si je dis la vérité, ceux qui comptent le plus ne m'écouteront pas.

- Même en pleine souffrance, je ne pourrai pas compter sur ceux censés me protéger.

- Mes émotions comptent moins que la réputation d'un étranger.

- Si même ma propre mère ne me fait pas confiance, pourquoi devrais-je me faire confiance moi-même ?

Ces croyances se sont enracinées en moi, dans mon inconscient.

Le Poids de la Religion et des croyances

Dans les années qui ont suivi la Révolution tranquille, l'influence des figures religieuses s'estompa peu à peu. Mais le mal était déjà fait. Comme tant d'autres, ma mère était une fervente croyante. L'Église était partout dans notre quotidien, même si, intellectuellement, je n'en comprenais pas toute la portée. Mais au fil du temps, dans mes heures les plus sombres, la religion a cessé d'être une source de réconfort. Elle est devenue synonyme de trahison, de rejet, d'invalidation.

Le jour où je me suis tournée vers ma mère pour lui confier ma vérité, elle l'a rejetée. Pourquoi ? Parce que mon agresseur était un homme d'Église. Comment avais-je osé proférer un tel mensonge contre un curé ?

Et Si l'Histoire Avait Été Différente ?

Parfois, je me demande... Si j'étais née dix ans plus tard, comment les choses auraient-elles évolué ? Si l'Église n'avait plus eu autant de pouvoir, si l'influence sociale ne pesait plus autant sur ma mère, m'aurait-elle crue ?

Ces pensées me hantent, mais au fond, je connais déjà la réponse. Le problème n'était pas seulement la religion, c'était le poids des conventions; c'était sa peur d'aller à l'encontre de ce que la société lui avait inculqué. Et c'est cela qui fait le plus mal.

Le Deuil d'une Mère, le Début d'un Nouveau Silence

Quelques semaines après mes huit ans, ma mère a perdu son combat contre le cancer du sein. Elle n'avait que 39 ans. Sa mort a déchiré ma famille pendant des décennies. Mon père, dépassé, nous a envoyé au pensionnat pendant 3 ans. Pendant les fins de semaine, au retour à la maison, il a tenté d'instaurer une routine:

- Le samedi, spaghetti.

- Le dimanche, ragoût.

Savoir à quoi s'attendre nous aidait à tenir. En apparence, mon frère, ma sœur et moi passions de bons moments avec lui. Mais sous la surface, je refoulais mes émotions. J'ai pleuré le deuil de ma mère près de 30 ans plus tard, après le service funéraire de ma grand-mère, sa mère.

Un Corps Qui Parle à Ma Place

Tout ce temps, le secret était resté enfoui en moi, sans que je le sache, sans que je le choisisse. Mais mon corps, lui, ne pouvait plus porter ce poids.

Dans les années qui ont suivi la mort de ma mère, la douleur est devenue physique : J'avais des épisodes de vomissement jusqu'à ne rejeter que de la bile. Ça pouvait durer plusieurs jours. Mon estomac était un champ de bataille, mais personne ne comprenait pourquoi.

L'Arrivée d'une Belle-Mère, L'Envie de Fuir

Tout a changé quand mon père s'est remarié. Sa nouvelle épouse n'avait jamais eu d'enfants, et en rejoignant notre famille, elle a adopté le rôle de "sauveuse" plus que celui de belle-mère. Elle nous rappelait à quel point nous étions "perdus" avant son arrivée. À l'époque, il était courant pour un veuf de se remarier pour offrir une présence maternelle à ses enfants. Mais au lieu d'apporter de la stabilité, elle a instauré un climat familial toxique. C'était comme si on était en compétition avec elle pour l'attention de notre père.

Mon frère et ma sœur ont trouvé leur propre manière d'y faire face. Moi, j'ai choisi de fuir. Le plus vite possible.

Un Deuil Impossible, Un Masque de Souffrance

La mort de ma mère m'a marquée au fer rouge. Mon père n'a pas organisé de funérailles. Pas de rituel, pas de cérémonie. Rien pour entamer un deuil sain. Alors, mon deuil est resté figé en moi. Et je me suis accrochée à cette douleur, comme si elle me protégeait de quelque chose d'encore pire.

Aujourd'hui, je comprends pourquoi. Ce chagrin masquait autre chose : Il couvrait les souvenirs de l'abus. Il étouffait la rancœur que j'aurais pu ressentir envers ma mère.

Elle ne m'avait pas crue.

Elle avait invalidé mon vécu.

La Mémoire Enterrée, Mais Jamais Effacée

Pendant plus de vingt ans, je n'ai pas eu accès à ces souvenirs. Petit à petit, j'ai douté de ma propre perception. Ma mère m'avait dit que ce n'était pas vrai...

Alors, et si elle avait raison ? Si elle, mon autorité suprême, ne me croyait pas... alors, peut-être que tout cela n'avait jamais existé ? C'est ainsi que mon esprit a enfoui l'agression.

Mais les souvenirs ne disparaissent jamais vraiment.

Ils sont comme des objets engloutis par l'océan.

Emportés au fond, invisibles...

Mais toujours là.

Leur présence continue de hanter les vagues, se brisant inlassablement contre la rive. Et un jour, ils finissent par remonter à la surface.

2
Conséquences des abus sexuels

Pour beaucoup, les souvenirs mentaux peuvent être bloqués, tout comme les détails des abus sexuels, sans compter les émotions refoulées. Pour d'autres, les images mentales sont gravées dans leur esprit. Ce que beaucoup ignorent, c'est la capacité du cerveau à stocker le traumatisme. À mesure qu'une victime d'abus sexuels passe de l'enfance à l'adolescence, puis à l'âge adulte, ce traumatisme se manifeste par diverses symptômes.

Selon l'INSPQ (Institut National de Santé Publique du Québec), il existe une multitude de conséquences liées aux abus, notamment :

La dépression

L'anxiété

Une faible estime de soi

L'alcoolisme

Le jeu compulsif

L'abus de drogues

Des problèmes comportementaux

Des retards de développement

L'anxiété sociale

Le Trouble du stress post-traumatique (TSPT)

La dissociation

Des Comportements à risque

De l'automutilation

Des idées suicidaires

Les effets des abus sexuels durant l'enfance peuvent se manifester de manière complexe. Il est difficile de définir d'où viennent certaines de nos habitudes les plus autodestructrices. Beaucoup des conséquences mentionnées ci-dessus peuvent également être attribuées à d'autres facteurs, tels que la classe sociale, les inégalités raciales, la localisation géographique, la génétique familiale, la collectivité, etc. Il est important d'approfondir sur la façon dont ces symptômes se manifestent dans le corps et l'esprit d'un survivant d'abus.

Pour les femmes, les conséquences peuvent se manifester par une série d'effets sur la santé physique, en particulier au niveau de l'abdomen et des organes génitaux. Elles peuvent avoir des difficultés avec leur sexualité, un problème qui peut se manifester de deux manières : soit un manque d'excitation lors des relations intimes, soit une hyperexcitabilité. En d'autres termes, certaines survivantes peuvent avoir du mal à ressentir un désir physique personnel, car il ne serait pas dissocié des abus. À l'inverse, certaines femmes peuvent se sentir hypersexuelles, ce qui peut les amener à adopter des comportements à risque, à avoir des relations avec de multiples partenaires au cours de leur vie et, par conséquent, à être potentiellement exposées aux infections sexuellement transmissibles (IST).

Abordons maintenant les effets émotionnels et psychologiques des abus sexuels subis durant l'enfance. Il est fréquent que les survivants éprouvent des difficultés à nouer des relations saines. En raison du traumatisme, ils se forgent souvent des murs de protection émotionnels, en restant constamment sur leurs gardes, de peur de subir une nouvelle trahison. Leur traumatisme a brisé leur sens de soi et de leur valeur, et maintenant, ils croient qu'ils ne méritent pas de respect au-delà de ce qu'ils ont reçu pendant l'incident qui a causé leur traumatisme. Une autre explication est qu'ils ont mentalement normalisé cette expérience pour survivre.

Le traumatisme peut être tellement dévastateur que le cerveau de l'enfant tente de se protéger en faisant en sorte que l'expérience s'adapte à une sorte de logique tordue. Les adultes autour d'eux à l'époque aggravent le problème en manipulant la victime ou en la blâmant, les forçant à se sentir dignes de ce niveau de manque de respect pendant des années après que tout soit fini.

Le problème, c'est que la façon dont un survivant interagit avec les autres et fonctionne dans sa vie adulte n'est pas un choix ; tout cela se passe inconsciemment, sans qu'ils aient conscience de ce qu'ils font. Avant même de s'en rendre compte, ils ont une série de relations toxiques, tout en croyant qu'ils sont le problème.

Les Conséquences Psychologiques du Traumatisme

Au-delà des difficultés relationnelles, de nombreux survivants sont exposés à un risque accru de développer des Troubles du stress post-traumatique (TSPT), de dépression et d'anxiété.

Le TSPT se manifeste souvent par :

- Des flashbacks, où le passé envahit brusquement le présent.

- Des cauchemars récurrents, ravivant sans cesse l'événement traumatique.

- Des épisodes de sidération, où l'on se sent détaché de la réalité.
- Une hypervigilance constante, qui maintient le corps et l'esprit en état d'alerte.

Ces symptômes peuvent devenir incontrôlables et entraîner de graves perturbations dans la vie quotidienne, surtout lorsqu'ils sont déclenchés par des facteurs imprévus.

Un Fardeau Invisible

Même sans présenter un TSPT classique, les survivants font souvent face à des réactions émotionnelles intenses, déclenchées par des situations qui semblent anodines.

- Un sentiment de honte ou d'humiliation soudain, sans raison apparente.
- Une culpabilité omniprésente, pesante et difficile à dissiper.
- Une estime de soi profondément ébranlée.

Beaucoup développent des schémas de pensées négatifs :

- S'excuser sans cesse, même quand ce n'est pas nécessaire.
- Croire qu'ils ne sont pas aimés, même face à des preuves d'affection et de validation constantes.

Leur perception d'eux-mêmes devient déformée, presque irréaliste.

C'est comme une forme de dysphorie de soi :

- L'image qu'ils ont d'eux-mêmes ne correspond plus à la réalité.
- Ils ne se voient pas tels qu'ils sont, ni tels que les autres les

perçoivent.

Ce décalage entre ce qu'ils ressentent et ce qu'ils sont réellement peut être profondément douloureux, les enfermant dans un cycle d'autodévalorisation difficile à briser.

Une Relation Complexe avec le Corps

Cette dysphorie de soi peut aussi se manifester par une perception altérée du corps. Beaucoup de survivants d'abus sexuels dans l'enfance éprouvent des difficultés à se connecter à leur propre corps.

Pourquoi ?

- La dissociation devient une réponse automatique.
- Lors de l'événement traumatique, ils ont appris à se détacher de leur corps pour atténuer l'horreur de ce qu'ils vivaient.
- Ce mécanisme de survie ne disparaît pas en grandissant.

Même à l'âge adulte, cette déconnexion persiste.

Cela complique des aspects essentiels du quotidien :

- Écouter son corps et ses signaux.
- Reconnaître la faim et adopter une alimentation équilibrée.
- Rester pleinement présent(e) dans l'instant.

Le Corps Comme Terrain de Contrôle

Face à cette perte de connexion, certains développent des troubles alimentaires. Pourquoi ? Parce que modifier son alimentation devient une manière de reprendre un semblant de contrôle sur son corps. Pour de nombreux survivants, jouer sur le poids, la nourriture, ou les restrictions alimentaires est une tentative inconsciente de se réapproprier leur propre enveloppe corporelle .

Mais ce contrôle apparent masque une profonde lutte intérieure, un combat entre le besoin de retrouver une emprise sur soi et les traumatismes du passé qui ont fracturé cette relation au corps.

Les séquelles émotionnelles et physiques laissées par le traumatisme sont profondément douloureuses. Elles fragilisent les survivants , les rendant vulnérables à l'usage et à l'abus de substances.

Les chiffres sont frappants :

Les adultes ayant subi des abus dans l'enfance, quelle qu'en soit la forme, sont 4 à 5 fois plus susceptibles de développer une dépendance. Drogues, alcool, tabac...

Chaque substance devient une tentative de combler un vide intérieur, une manière d'apaiser une souffrance qui semble insurmontable. Du moins, c'est ce que j'ai fait.

Mon passé m'a lentement conduit vers une dépendance à l'alcool. Au début, je ne voyais rien d'alarmant. Je pensais simplement faire comme tout le monde: un verre, puis un autre... Je ne réalisais pas que c'était une forme d'automédication. Je ne voyais pas que c'était une tentative d'oublier.

Mais avant même de m'en rendre compte, un verre ne suffisait plus.

Puis deux, puis trois... Et avec l'alcool, quelque chose d'autre s'est révélé en moi.

Plus je buvais, plus je ressentais un désir profond de connexion charnelle.

- Je ne voulais pas d'attachement.

- Je ne voulais pas d'engagement.

- Je ne voulais pas de sentiments.

Je voulais juste ressentir. Car sans alcool, l'intimité me semblait inaccessible. Sans alcool, les relations me paraissaient impossibles. Mais avec lui,

- Toutes mes inhibitions disparaissaient.

- Tout ce que je réprimais en moi remontait à la surface.

Quand j'étais enfant, ma tante — une des sœurs de ma mère — avait un mari qui faisait ses études doctorales. Il était étudiant en psychologie et avait demandé la permission à ma mère pour que je participe à l'une de ses études. J'étais jeune, mais je me souviens encore être allé à l'université et m'être assis à une petite table pour enfants.

À l'époque, je ne comprenais pas vraiment ce qui se passait. Je me souviens qu'il me posait des questions sur des formes géométriques en plastique. Je me souviens qu'il m'a emmenée dans une chambre; je crois que c'était chez lui. Il m'a donné à boire, après quoi je me suis sentie étourdie. C'est à ce moment que les trous de mémoire ont commencé. Cependant, je me souviens encore vaguement de ce qu'il m'a fait, et cet acte a laissé une marque qui affecterait le reste de mon parcours scolaire et de ma vie adulte.

Ironiquement, ce doctorant a rapporté à mes parents les résultats de l'étude à laquelle j'avais participé. Selon lui, j'avais une intelligence au-dessus de la moyenne. Cela aurait dû être une bonne nouvelle, et j'y ai cru, tout en cherchant à oublier ce qui s'était passé. Ou plutôt, mon moi d'enfant a simplement mis de côté le souvenir de l'abus, ne sachant pas comment le catégoriser.

J'étais confuse et ne savais pas quoi en penser. Mon corps, cependant, savait exactement ce qu'il avait traversé. À cause de ce moment, mon corps a rejeté l'idée de l'enseignement supérieur, rendant difficile pour moi de poursuivre des études. Je n'ai pas pu aller à l'université avant l'âge de 23 ans, et même alors, je me sentais tellement en retard par rapport aux autres étudiants, la plupart d'entre eux ayant 18-19 ans. Comment pouvais-je prétendre avoir une intelligence au-dessus de la moyenne et pourtant avoir des difficultés dans un environnement académique ? Cela a déclenché mon complexe d'infériorité et détruit mon estime de soi.

L'alcool avait une connexion plus sinistre avec ma victimisation. Il était à la fois mon remède et mon poison. Je l'utilisais pour oublier, mais il était aussi utilisé contre moi pour me placer dans des situations traumatisantes.

J'ai aussi eu du mal à garder un emploi. Le chômage et l'instabilité professionnelle sont des conséquences courantes des abus subis durant l'enfance. Malgré quelques postes intéressants, je ne restais pas longtemps à l'emploi. J'avais peu de motivation, principalement parce que je ne voyais pas ce que l'avenir me réservait. Je ne savais pas ce que je voulais faire ni ce que je voulais devenir, et j'avais du mal à exprimer mes désirs, s'il y en avait. Parce que je prenais les interactions sur la défensive, le travail était pour moi plus stressant que pour la personne moyenne. C'était un défi de faire confiance à mes collègues, à mon patron et à mes clients. Je n'arrivais pas à me sentir suffisamment à l'aise dans aucun emploi pour travailler au meilleur de mes capacités ou du moins travailler sans une anxiété débilitante. Les situations normales m'irritaient de manière disproportionnée, et la pression émotionnelle était épuisante.

À travers tout cela, l'alcool est devenu ma béquille. Je ne sais pas si je l'ai choisi inconsciemment pour avoir plus de contrôle sur mon traumatisme ou si c'était simplement disponible au moment le plus opportun. Quoi qu'il en soit, l'alcool est l'un des mécanismes d'adaptation autodestructeurs les plus « socialement acceptables ». Il ne portait pas la stigmatisation de l'herbe ou des drogues dures. Ainsi, lorsque j'ai essayé de demander de l'aide pour mon traumatisme, la plupart des thérapies ne prenaient pas en charge ou ne s'intéressaient pas à l'abus de substances.

Le problème de la thérapie de groupe, qui est disponible et préférée par les personnes qui n'ont pas les moyens ou l'assurance de payer une thérapie privée et individuelle à long terme, c'est que les problèmes de santé mentale sont traités séparément. Ce qui est plus probable, c'est qu'un ensemble de problèmes de santé mentale et de comportements peut être lié et s'affecter mutuellement. Une habitude autodestructrice peut se manifester en réponse à un autre problème mental central. Par exemple, une personne qui lutte contre le trouble de l'hyperphagie boulimique et le Trouble de stress post-traumatique complexe (TSPT-C) pourrait chercher des services pour traiter chaque problème séparément. Ou peut-être ont-ils juste assez de temps et de disponibilité pour rejoindre une thérapie de groupe sur le TSPT-C. En thérapie, ils ne parlent jamais de leurs problèmes alimentaires parce qu'ils pensent que c'est sans rapport ou un problème de maîtrise de soi. Malheureusement, cette perspective a tendance à être incorrecte. Ce qui est plus probable, c'est que leur trouble de l'hyperphagie boulimique se soit manifesté pour faire face à leur TSPT-C, qui provient d'expériences traumatiques à long terme. Ainsi, les deux doivent être traités simultanément.

C'est le problème pour ceux qui se remettent du traumatisme qui peut entraîner un réseau de différentes conséquences négatives. Certaines personnes disent qu'il faut atteindre la racine du problème pour traiter ses effets. Dans ce cas, la racine serait l'abus sexuel durant l'enfance, et les conséquences sont l'abus de substances et d'alcool. Cependant, que se passe-t-il si ces « conséquences » créent en réalité une barrière entre vous et votre potentiel de guérison ? Et si vous ne pouviez pas atteindre la racine parce que votre subconscient a créé une série de défenses protectrices pour vous protéger, vous et les autres ? L'alcool est un mécanisme d'adaptation, et tant que vous ne faites que vous adapter, vous ne pouvez pas guérir. C'est comme un pansement plutôt qu'un remède. Pour vous guérir véritablement, vous devez arracher le pansement, traiter la blessure, y appliquer un peu de pommade antibactérienne et laisser la brûlure jusqu'à ce que l'inflammation disparaisse et que la plaie puisse enfin commencer à se cicatriser.

Lorsqu'il s'agit de personnes ayant des troubles liés à l'abus de substances et à un traumatisme d'enfance (de n'importe quel type), il est fortement recommandé de traiter d'abord le premier problème. L'alcool et les drogues offrent un but clair pour les victimes de traumatismes, à savoir éloigner les sentiments et les souvenirs difficiles (c'était la honte pour moi). Si vous y réfléchissez, les substances sont un moyen de perpétuer les habitudes dissociatives. Lorsque les émotions ou les sentiments deviennent difficiles, on leur échappe en se tournant vers les substances. Elles ne savent pas comment aborder des sujets inconfortables en étant sobres. Cela empêche tout véritable progrès de se produire.

C'est pourquoi de nombreux programmes de thérapie pour le TSPT ne permettent pas aux individus de les rejoindre, tant qu'ils ne sont pas détoxiqués et n'ont pas cessé d'utiliser une substance. Il existe des modèles de traitement qui permettent l'intervention des symptômes traumatiques aigus au départ pour donner à la personne un coup de pouce lorsqu'elle doit arrêter la substance. Après tout, forcer une personne à s'abstenir de la seule chose qui puisse l'empêcher de vivre des symptômes de détresse, des dysfonctionnements, voire des idées suicidaires, peut être cruel. En général, cependant, pour qu'une personne parvienne réellement à traiter son traumatisme, il est nécessaire d'arrêter l'automédication. D'une part, ces substances peuvent altérer encore davantage le jugement et la mémoire de la personne. Elle peine à se souvenir de ce qu'elle a mangé pour le dîner la veille. Comment pourrait-elle se tourner vers son esprit pour se souvenir d'un traumatisme survenu dans son enfance ?

D'autre part, l'addiction peut être une béquille que la personne utilise comme excuse pour ne pas travailler sur sa guérison. C'est un outil tentant pour éviter de passer par l'apprentissage des véritables techniques de stabilisation. Nous y sommes tous passés. Les choses deviennent vraiment mauvaises, et on se sent enfin désespéré pour une solution. Puis, la vague de désespoir passe un moment, et on tombe dans la complaisance. On se demande si on est vraiment dans une situation aussi grave: "Peut-être que je ne me débats pas tant que ça ; peut-être que je peux continuer comme ça". Si les choses se gâtent, un bon verre fera l'affaire. Il est vraiment facile de se tromper soi-même quand on ne voit pas le tableau global. Tout cela pour dire que si vous voulez vous remettre d'un abus sexuel durant l'enfance, il est primordial de chercher de l'aide pour votre addiction ou votre usage de substances en premier. Pour certains, cela peut être des drogues ou de l'alcool. D'autres peuvent même dépendre fortement de la caféine, des stimulants, des boissons énergisantes, etc. Peu importe ce sur quoi vous dépendez pour traverser la journée, vous devez y faire face pour pouvoir affronter les démons à l'intérieur.

Si vous recherchez des programmes de traitement pour l'abus d'alcool ou de substances, gardez cela en tête. Parce que les modèles de thérapie par sujet sont créés séparément, ils ne prennent peut-être pas en compte les différentes nuances ou besoins des préoccupations de santé mentale liées au traumatisme. Ce que je veux dire par là, c'est que les survivants de traumatismes sexuels durant l'enfance peuvent être excessivement sensibles à certaines parties du récit impliqué dans le modèle des 12 étapes.

Pour l'alcoolisme et l'abus de substances, le modèle des 12 étapes existe pour guider systématiquement un individu vers la guérison de sa dépendance. Il a montré un impact bénéfique pour de nombreuses personnes. Cependant, de nombreux programmes des 12 étapes soutiennent un récit de « céder », d'accepter son « impuissance ». Pour les victimes de tout type d'abus, en particulier l'abus sexuel, ce récit peut être terrifiant. Nous avons vécu toute notre vie à la merci de « pouvoirs supérieurs ». Dans nos esprits, nous nous sentons inférieurs à tout et à tout le monde. Nous cherchons à retrouver ce pouvoir et ce contrôle, à nous sentir plus sûrs de nous-mêmes et de notre vie. L'idée de céder peut être libératrice pour ceux qui n'ont pas subi de traumatisme d'enfance. Cela peut les aider à mieux accepter la dureté de la vie et à devenir plus résilients. Cependant, cette idée peut avoir l'effet inverse sur les survivants d'abus sexuels durant l'enfance.

Ce qui est essentiel, c'est que vous évaluez les programmes des 12 étapes disponibles dans votre région afin de trouver un programme qui soit sensible aux expériences diverses des individus. Ensuite, assurez-vous de ne pas vous arrêter là. Pour moi, la thérapie de groupe des 12 étapes a fonctionné pour résoudre mon addiction à l'alcool et survivre pendant plusieurs années. J'ai même pu rompre avec une relation toxique qui durait depuis 6 ans. J'ai appris à admettre mes erreurs et à être honnête avec moi-même. J'ai mis de l'ordre dans mes relations familiales. J'ai acquis une certaine discipline à la maison.

Cependant, dans mes relations affectives et avec mes collègues, je me suis toujours senti en quête d'approbation et de confort. Je suis vite tombée dans mes émotions de colère et de rage lorsque les choses ne se passaient pas comme je le voulais. Mes réactions à ces problèmes m'ont conduit à perdre à nouveau un emploi très intéressant et à aliéner une relation émotionnelle qui m'était très chère. La thérapie de groupe pour femmes m'a davantage aidée car elle traitait spécifiquement des blessures laissées par le traumatisme. Un groupe de soutien avec un professionnel formé aux abus sexuels durant l'enfance est crucial car il comprend les conséquences distinctes de ce genre de vécu.

Dans tous les cas, il est important de prendre conscience de la manière dont votre traumatisme a affecté votre vie. Comprendre les conséquences et réfléchir à la manière dont elles se manifestent pour vous est essentiel pour savoir quels sont vos objectifs dans le processus de guérison. C'est ce que j'ai dû faire, et j'ai décidé de commencer par mes problèmes relationnels.

3

AVANT DE ME SOUVENIR

L'abus sexuel durant l'enfance et la perte de mémoire vont de pair. De nombreuses victimes se souviennent à peine de ce qu'elles ont vécu jusqu'à l'âge adulte. En général, cela se produit lorsqu'un élément familier ou pertinent par rapport à ce souvenir le déclenche.

La perte de mémoire est très courante, mais pourquoi ? Parce que bloquer les souvenirs est une manière pour **le cerveau en développement** de faire face au traumatisme. D'autres personnes ayant subi des abus constants durant l'enfance peuvent trouver une grande partie de leurs années d'enfance floue et inaccessible. Tout cela est fait pour protéger votre esprit, encore en croissance, de la souffrance.

Bien que cela soit compréhensible, cela peut aussi vous amener à douter de vous-même. Vous pouvez douter du fait d'avoir jamais vécu le traumatisme auquel vos souvenirs font allusion. Par surcroît, d'autres personnes peuvent vous nuire en vous faisant douter de vous-même en ne vous croyant pas ou en remettant en question votre réalité, de laquelle vous n'avez pas une base stable. C'est ce qui m'a le plus perturbé dans mes relations interpersonnelles. Je ne supportais pas qu'on doute de ma parole. Avec les outils, j'ai appris à calmer cette rage.

Revenons à la perte de mémoire spécifique. Ça s'appelle l'amnésie dissociative. Elle décrit l'état dans lequel vous ne pouvez pas faire ressortir des souvenirs très marquants de votre vie. L'amnésie dissociative entraîne en fait plus de souvenirs oubliés que la normale. C'est la raison pour laquelle vous pouvez avoir des trous de mémoire, une incapacité à vous souvenir de détails précis de votre vie ou de votre situation traumatique. Parfois, vous pouvez revenir sur vos souvenirs d'un point de vue extérieur. Par exemple, vous pourriez vous voir à la troisième personne. Quelle que soit la situation, l'amnésie dissociative est une réponse au traumatisme qui aide une jeune personne à continuer de fonctionner.

Cependant, en tant qu'adulte, ces conséquences du traumatisme qui vous protégeaient autrefois vous maintiennent désormais dans une impasse. Les mécanismes d'adaptation qui vous ont aidé en tant qu'enfant vous empêchent désormais de vivre pleinement en tant qu'adulte. Vous pouvez vous sentir piégé par vous-même. Cela ressemble à une prison créée de vos propres mains. Comment sortir d'un enfer que vous avez continué à perpétuer ?

Après une séparation très douloureuse avec mon conjoint, j'ai dû aller chercher de l'aide. Ma situation financière était (comme toujours) instable, ma satisfaction au travail inexistante, et ma vie sans but. La relation avec ma famille était toujours de courte visite et encore tendue avec le poids de problèmes émotionnels non résolus. Bien que l'apprentissage des comportements et des compétences de vie puisse aider, quelque chose en moi m'empêchait de réussir dans ces domaines. C'était plus profond que d'apprendre à communiquer ou de savoir à quoi ressemble une relation saine. Je savais que j'avais besoin d'identifier ce qui m'empêchait d'être bien tout simplement.

Heureusement, je pouvais au moins avoir un certain niveau de conscience qui me permettait d'identifier mes principaux problèmes. J'avais un problème d'abus de substances. Je fuyais mes émotions. J'utilisais les relations sexuelles pour combler un vide. Je fuyais toujours la mort de ma mère. Je luttais encore avec la honte et l'estime de soi. La prise de conscience de mes problèmes — et leur acceptation — m'a donné l'impulsion pour chercher un soutien supplémentaire. Les fraternités anonymes ne suffisaient pas. Le groupe de soutien pour femmes a été immensément utile, mais je n'aurais jamais pu m'y ouvrir si je n'avais pas résolu mes problèmes d'abus de substances.

La guérison est un long parcours, et je l'ai appris à mes dépens. Bien que j'aie beaucoup d'aspects à prendre en charge, il était impossible de tous les traiter en même temps. J'ai donc choisi deux domaines que je pensais devoir aborder en priorité : l'adaptation et les relations interpersonnelles.

J'ai commencé par chercher de l'aide pour ma difficulté à m'adapter aux situations.

L'adaptation est un phénomène curieux lorsqu'il s'agit d'abus et de traumatisme. Les réponses traumatiques sont la façon dont le cerveau et le corps s'adaptent à des situations incroyablement stressantes durant l'enfance. Cependant, ces habitudes d'adaptation peuvent rendre l'adaptation aux situations stressantes adultes encore plus difficile que pour la personne moyenne.

Voici un exemple : Le silence programmé est une de ces adaptations auxquelles de nombreux survivants de traumatismes font face. Lorsqu'une personne est stressée ou sous pression, elle peut simplement se taire et refuser de parler ou de s'exprimer. Beaucoup de gens expriment cela de manière légère, comme ceux qui préfèrent ne pas parler lorsqu'ils sont contrariés ou en colère. Les survivants de traumatismes infantiles peuvent pousser cette habitude d'adaptation du silence à un degré extrême, refusant d'offrir leurs véritables pensées ou opinions, même dans les situations les plus anodines. Cette habitude de rester silencieux relève de la réponse de gel. En fait, de nombreuses habitudes d'adaptation sont ancrées dans les quatre réponses traumatiques : Lutte, Fuite, Gel ou Flatterie.

Les victimes d'abus sexuels dans l'enfance peuvent développer différentes réactions face aux situations stressantes ou menaçantes. Ces réactions, souvent ancrées dans des mécanismes de survie, peuvent perdurer à l'âge adulte et engendrer des difficultés dans la gestion des émotions et des relations interpersonnelles.

- Les "Lutteurs" réagissent aux situations de stress intense ou de danger par l'agression. Cette réponse peut se manifester plus tard par des explosions de colère incontrôlables et une tendance à se sentir constamment sur la défensive, ce qui peut entraîner des conflits fréquents et des difficultés à gérer la colère.

- Les "Fuyards" cherchent à échapper ou à éviter la source de stress. À l'âge adulte, cela peut se traduire par des comportements d'évitement, comme l'isolement, la fuite dans le travail, l'usage de substances ou d'autres comportements addictifs pour ne pas affronter la douleur émotionnelle.

- Les "Gelés" restent figés face au danger, se refermant mentalement et émotionnellement. Plus tard, cette réaction peut se traduire par une incapacité à s'exprimer ou à défendre ses besoins, un sentiment de paralysie émotionnelle ou l'impression de "se dissocier" lors de situations stressantes.

- Les "Flatteurs" tentent d'apaiser la source du stress en adoptant une attitude soumise, non par manipulation, mais pour éviter la douleur. À l'âge adulte, cela peut se traduire par un besoin excessif de plaire aux autres, des limites personnelles floues et une estime de soi fragile.

Bien que ces réactions aient pu être des stratégies de survie utiles dans l'enfance, elles peuvent devenir problématiques à l'âge adulte, rendant difficile la gestion des émotions et des relations. Comprendre ces mécanismes permet de mieux identifier leurs impacts et d'adopter des stratégies plus adaptées pour retrouver un équilibre émotionnel et relationnel.

Beaucoup de personnes peuvent avoir un mélange de ces réponses. Même les personnes dites « plus saines » qui ne souffrent pas de troubles psychologiques énormes dus au traumatisme peuvent montrer des formes plus légères de ces réponses. Le problème survient lorsque ces réponses sont si ancrées et automatiques que vous ne pouvez pas vous adapter à des situations de manière saine. C'est ce qui m'est arrivé. Le moindre changement dans ma vie me bouleversait, et je n'avais pas les outils nécessaires pour y faire face, encore moins pour m'adapter. Le traumatisme peut perturber la capacité d'une personne à être résiliente. Et moi, je voulais être résiliente.

Pour ce genre d'ennuis, j'ai commencé une thérapie de groupe. Pendant un an et quelques mois, je me suis jointe aux activités, avec le même groupe de personnes, quatre fois par semaine. Nous avions une façon de procéder où chacun pouvait exprimer ce qu'il vivait à ce moment-là ou discuter de ses problèmes en fonction de thèmes prédéfinis.

Bien que la thérapie de groupe soit un environnement de soutien, personne ne vous force à dire quoi que ce soit. Chaque personne a la responsabilité de s'exprimer. Cela signifiait également que parfois, certaines personnes trichaient. Prenez-moi, par exemple. L'un des moments les plus marquants de mon passé douloureux a été la mort de ma mère, une blessure qui n'a jamais eu l'occasion de guérir. Pourtant, je n'en ai pas parlé en thérapie de groupe avant six mois de réunions.

Dire que le groupe était stupéfait est un euphémisme.

À ce stade dans le groupe, il était inconcevable qu'une perte aussi énorme dans la vie de quelqu'un ne soit pas mentionnée. Si j'avais été en thérapie individuelle, mon thérapeute se serait probablement demandé pourquoi il m'avait fallu si longtemps pour parler de la mort de ma mère. Même si j'étais jeune à l'époque, la plupart des gens abordent les décès familiaux majeurs plus tôt dans les séances, car cela joue un rôle important dans leur vie.

Pour moi, c'était un dossier fermé. Je n'avais jamais exprimé quoi que ce soit à ce sujet auparavant dans ma vie, même pas pendant mon enfance. Ce n'est pas courant chez les enfants. Même si le deuil est difficile, les jeunes enfants ont souvent moins de retenue lorsqu'il s'agit de partager les détails de leur vie. Le groupe de soutien a été le tout premier endroit où je me suis sentie suffisamment en sécurité pour en parler.

Alors, j'ai commencé à parler. Cependant, j'ignorais un autre facteur important qui m'affectait. Le groupe de soutien, malheureusement, n'abordait pas la consommation d'alcool. Bien qu'il prônait une approche sans drogue, il autorisait les participants à consommer de l'alcool en dehors des séances. À l'époque, je ne pensais pas qu'il serait pertinent de parler de mes problèmes avec l'alcool. Maintenant, je comprends que même si je pensais être franche et honnête, cette honnêteté omettait un détail crucial. C'est uniquement à cause de cela que j'ai quitté la thérapie avec le même bagage intérieur.

Jusqu'à ce point, j'avais une relation inhabituelle avec ma famille. Depuis que j'avais quitté la maison de mon enfance, après le collège, j'évitais les réunions familiales. Je ne les voyais qu'à des événements spéciaux, comme les anniversaires et Noël. Bien que mon frère et ma sœur et moi ayons tous été affectés par la mort de notre mère, personne n'en parlait, et cela n'avait toujours pas changé. Donc, même si j'avais libéré une partie de mon chagrin pendant la thérapie, il restait des choses non résolues. J'avais l'impression que ma famille et moi devions aborder cette question ensemble.

Bien sûr, il y avait d'autres choses qui affectaient aussi ma relation avec ma famille. Tout d'abord, j'avais honte de ne pas avoir un emploi décent. J'avais souvent de longues périodes de chômage. Les emplois que je pouvais occuper étaient des contrats que je finissais par quitter, car je manquais d'ambition ou de motivation pour continuer.

Ensuite, j'avais également honte de ma vie amoureuse. Il était difficile de faire face à ma famille alors que tant d'aspects de ma vie étaient en désordre, même si, en réalité, personne n'a une vie parfaite. Je maintenais une relation ponctuée de nombreuses ruptures dans laquelle je n'étais pas à l'aise. La seule chose que j'appréciais était l'aspect sexuel. Cependant, même cela était un désastre. Mon petit ami de l'époque me trompait avec d'autres femmes, et je restais malgré tout, bien que je le sache. Finalement, il a contracté une MST.

Je pensais que la MST m'avait servi de leçon! Mais non. Alors je continuais à lui donner une chance. Après plusieurs mois de relation "sans problème", il m'a demandé en mariage, et nous avons emménagé ensemble. Le jour où j'ai emménagé, je me souviens d'avoir eu un mal de gorge si intense que je ne pouvais pas avaler, mais il m'a dit d'arrêter de me plaindre, avec du mépris dans la voix. C'était pour moi le premier signal d'alarme, mais je l'ai ignoré, car nous avions prévu cet emménagement depuis longtemps. Je me suis dit que c'était un si grand changement dans la vie, alors me sentir blessée par ses paroles semblait être une raison trop insignifiante pour tout annuler.

Pendant deux mois de vie commune, je me sentais vide. Rapidement, une peur a commencé à grandir en moi : celle d'avoir fait une erreur. J'avais l'impression de jouer un rôle. Je me perdais tellement dans cette relation que je ne me sentais plus moi-même. Pourtant, je restais accrochée à une relation qui ne satisfaisait même pas les normes minimales.

Un jour, le téléphone a sonné. Mon petit ami (ou fiancé) n'était pas à la maison; j'ai répondu. C'était une femme.

Elle m'a dit qu'elle attendait que mon petit ami vienne la voir. Elle voulait me dire qu'il la fréquentait. Bien que nous vivions ensemble et que nous avions franchi une nouvelle étape, il avait encore réussi à me tromper. Je pensais que nous avions surmonté ses problèmes d'infidélité, mais il semblait que ce n'était qu'une question de temps. C'en était trop pour moi : je suis partie.

J'ai réalisé que je reproduisais les mêmes comportements de victime. Maintenant, je vois que mon ex présentait de nombreux signaux d'alarme dès le début, depuis la première sensation d'inconfort que j'ai ressentie. Si ce n'était pas cela, alors c'était au moment de sa première infidélité. Cependant, mon jugement balayait facilement les problèmes en se concentrant sur les petites choses positives que je pensais valoir la peine. Lorsque la relation avait dépassé le stade à court terme, je pensais que je pouvais passer outre ses défauts puisque nous nous connaissions depuis si longtemps.

Quand j'ai déménagé, j'ai séjourné chez une amie que j'avais rencontrée en thérapie. Après un court moment de vie commune, ma colocataire a eu une bonne idée : rejoindre un groupe anonyme pour les personnes souffrant d'addiction à l'alcool. Elle-même luttait contre cette dépendance et m'a demandé de l'accompagner. J'ai accepté. En l'accompagnant ce soir-là, la visite de mon copain que je continuais à voir a été écourtée promptement. J'ai senti que je mettais mentalement et spirituellement fin à cette relation toxique avec cet ex infidèle. C'était fini. Je ne l'ai jamais revu. Rejoindre le groupe des Alcooliques Anonymes a marqué le début d'un nouveau chapitre dans ma vie.

Cette relation désastreuse et ce presque mariage m'ont laissée embarrassée lorsque des membres de ma famille me posaient des questions sur ma vie amoureuse. Mais ils comprenaient.

Plus tard, j'ai rencontré un homme grâce à ma sœur. Il était attentionné, affectueux et gentil. J'ai appris qu'il avait aussi des problèmes de drogue. Finalement, j'ai assisté à des réunions anonymes avec lui. Peu à peu, en apprenant à mieux le connaître, j'ai emménagé avec lui. Ce fut une courte période de bonheur idyllique.

Cette période s'est terminée quand j'ai réalisé que je répétais les mêmes erreurs, cherchant et restant avec des personnes qui étaient tout aussi brisées que moi. Nous avions une connexion, mais si j'avais appris quelque chose de mes relations passées, c'était que les personnes que j'attirais étaient soit émotionnellement indisponibles, soit profondément blessées. Ce n'était pas de sa faute, bien sûr. Je savais dans quoi je m'engageais en découvrant qu'il avait des problèmes de drogue. Cependant, les débuts d'une relation sont si lumineux et pleins d'espoir. J'avais oublié à quel point il était difficile d'aimer quelqu'un souffrant d'une addiction. Étant moi-même dépendante à l'alcool, je savais que je n'étais pas facile à aimer.

En résumé, je ne pouvais pas garder un emploi, et lui consommait trop de drogue. Sa consommation drainait nos finances et sa stabilité mentale. Nous souffrions tous les deux, cachant cette souffrance par l'usage de substances. Notre bref bonheur s'est transformé en misère. Nos propres démons nous empêchaient de bien vivre, même si nous aurions pu former une belle équipe.

Juste au moment où je pensais le quitter, il s'est suicidé.

Lorsqu'un être cher met fin à ses jours, ce que l'on ressent est un mélange amer de douleur, de culpabilité et de chagrin profond. Tout d'abord, j'avais perdu quelqu'un de précieux. Malgré les problèmes de la vie, l'essence d'une personne reste toujours vive dans notre cœur. Amour ou non, il était devenu important pour moi, et maintenant il était parti à jamais. Je ne le reverrais plus, ni pour une rupture, ni pour le voir potentiellement surmonter ses problèmes de drogue. Cela m'a détruite de voir un potentiel et un espoir se désintégrer en rien. De plus, la culpabilité me rongeait. Bien que je sache que ce n'était pas ma faute, que, au final, c'était son choix, je me sentais responsable. Je me demandais si j'aurais pu faire plus ou être plus présente. Y avait-il quelque chose que j'aurais pu faire ? Ou mon questionnement était-il simplement une tentative de me sentir plus en contrôle de la situation ? Je ne savais pas. Cela m'a également fait réaliser que, peu importe ce que vous faites, vous ne pouvez peut-être pas aider quelqu'un d'autre. Vous pouvez vivre plus doucement, avec plus de gentillesse, et essayer de soutenir les autres de la meilleure façon possible. Vos paroles et vos actions peuvent les influencer et être un facteur important dans leurs choix. Cependant, vous n'êtes responsable que de vous-même. J'étais responsable de moi-même et de ma guérison. Personne ne viendrait me sauver, tout comme je n'avais pas pu le sauver.

Sa mort a été un signal d'alarme pour moi. J'ai réalisé la profondeur de la mortalité et à quel point la mort était proche, pour nous tous. Même si j'étais stable un jour, je pourrais me retrouver dans un état mental similaire un autre jour. Ou je pourrais perdre la vie dans un accident. En d'autres termes, j'ai vraiment compris ce que signifient les phrases "tu ne vis pas éternellement" ou "tu vis sur du temps emprunté". Ce rappel lourd de sens m'a montré que ma douleur et mes luttes actuelles ne valaient pas la peine d'être noyées dans l'alcool ; j'avais encore une chance de m'en sortir. Si je ne le faisais pas, ce serait, d'une certaine manière, un manque de respect envers la mort de mon petit ami.

Cette fin brutale m'a poussée à continuer d'assister aux réunions des Alcooliques Anonymes avec plus de ferveur et à essayer de régler définitivement mes problèmes d'alcool. Si je ne pouvais pas aider quelqu'un d'autre, je pouvais au moins m'aider moi-même. J'ai trouvé du réconfort dans ces réunions. Je ne me sentais plus seule parmi des personnes qui, peu importe ce qu'elles cherchaient à engourdir avec leur alcool, avaient cela en commun avec moi.

Je suis sobre depuis juin 1996.

Finalement, j'ai rencontré un autre homme lors d'une réunion des AA. J'ai ressenti un lien fort avec lui, non seulement en raison des luttes similaires que nous étions en train de surmonter. En apprenant à mieux le connaître, nous avons commencé à sortir ensemble et avons fini par entrer dans une relation stable. Il avait déjà des enfants et, même si cela m'a rendue nerveuse au début, ils m'ont accueillie avec une telle gentillesse que je me suis rapidement sentie chez moi parmi eux. Notre relation n'a pas toujours été simple, mais nous avons partagé une période de vie heureuse et, dans l'ensemble, étonnamment stable. J'adorais particulièrement le fait de vivre avec ses enfants en garde partagée. Ce furent quelques-unes des plus belles années de ma vie. J'ai gardé un emploi pendant plus de 4 ans, un record pour moi. Tout semblait s'améliorer.

Après plusieurs années de vie stable, les choses ont commencé à changer. J'ai eu du mal à m'adapter. Je savais que des changements viendraient un jour, mais je ne réalisais pas qu'ils arriveraient tous en même temps. Les enfants de mon conjoint avaient grandi et étaient prêts à quitter la maison pour vivre leur propre vie. La maison devait être vendue, et mon conjoint avait les moyens de s'offrir une nouvelle demeure à son goût. Malheureusement, elle se trouvait loin de mon lieu de travail, auquel je tenais profondément. À cela s'ajoutaient mes premiers ennuis de santé, qui m'empêchaient d'avoir l'énergie nécessaire pour un emploi à temps plein — encore moins pour supporter un long trajet chaque jour. En attendant de trouver une solution plus adaptée, j'ai dû m'installer temporairement dans un appartement, tandis que lui s'installait dans la maison qu'il souhaitait, à la campagne.

Je dois admettre que j'étais en colère face à cette situation. Cette colère a réveillé des sentiments de ressentiment et de chagrin liés à ma mère, comme un déclencheur. C'était comme si ma blessure de trahison s'était réactivée. Je souhaitais que mon conjoint puisse voir mon point de vue et me mettre en priorité, tout comme je souhaitais que ma mère m'ait mise en priorité au lieu de mes agresseurs respectés et religieux. J'étais sa fille. Comment avait-elle pu me rejeter ?

Au lieu de retomber dans mes mécanismes d'adaptation malsains, je me suis arrêtée pour réfléchir à mon état de vie. Je savais, en toute logique, que mon conjoint faisait un choix rationnel. Cette situation, bien que difficile, ne serait pas éternelle. J'avais surmonté de nombreuses autres difficultés dans ma vie, et je pouvais aussi surmonter celle-ci. Cependant, je devais faire quelque chose à propos des émotions qui surgissaient. Elles étaient le signe de la douleur non guérie de mon moi plus jeune. J'ai finalement décidé que le temps loin de mon conjoint était parfait pour saisir l'occasion de pleurer enfin la perte de ma mère.

Pour pouvoir faire mon deuil pleinement, j'ai fait fabriquer une pierre tombale pour ma mère. Ce geste symbolique m'a permis d'exprimer tout ce que je ressentais pour elle, sans me laisser submerger ni briser. J'ai parlé d'elle, et aussi à elle. Dans mon esprit, je lui ai rendu un hommage, comme un éloge funèbre intérieur. Je me suis autorisée à pleurer sa mort. Et j'ai aussi pleuré sa trahison.

Lorsque cette période de deuil est arrivée à son terme — quand j'ai senti que mon cœur et mon esprit s'étaient allégés, qu'il n'y avait plus rien à retenir ou à fuir — je suis retournée vivre auprès de mon conjoint.

Ce n'était pas un nouveau départ, mais une continuation plus paisible, portée par une vérité plus claire en moi. J'avais repris un peu de mon souffle, et surtout, un peu de moi.

Je crois que le fait d'avoir levé ce blocage dans mon deuil de la mort de ma mère a, en réalité, ouvert la voie aux souvenirs des abus que ce même blocage m'avait jusque-là protégée de reconnaître. L'esprit et les émotions agissent toujours pour une raison. Pensez-y comme à des niveaux de conscience. En guérissant et en débloquant quelque chose de négatif dans votre conscience, vous débloquez un autre niveau, plus profond, qui peut vous fournir des parties plus sombres de vos émotions et souvenirs. Auparavant, vous n'étiez pas prêt à les affronter. Mais lorsque vous progressez suffisamment, vous êtes prêt à passer au niveau suivant et à le surmonter aussi, car vous êtes mentalement préparé, peu importe à quel point cela peut être horrible. C'est ce qui m'est arrivé : deux décennies après les abus, je m'en suis souvenue.

4

VERS DES RELATIONS SAINES

Comme mentionné dans le chapitre des conséquences, de nombreuses victimes d'abus sexuels dans l'enfance rencontrent des difficultés dans leurs relations. Des liens émotionnels compliqués et instables ont marqué ma vie, de l'adolescence à l'âge adulte.

Dans ma jeunesse, au cœur de notre collectivité, j'avais du mal à tisser des liens — que ce soit pour me faire des amies ou pour avoir un copain. Une fois partie de chez mon père, après mes études, je survivais, mais je ne m'épanouissais pas. Le traumatisme, même s'il n'était pas clair dans mon esprit à l'époque, dictait chacun de mes gestes. J'agissais comme si le monde était une jungle impitoyable, une zone de guerre, où je ne pouvais faire confiance à personne. J'étais constamment sur mes gardes, depuis que mon innocence et ma confiance d'enfant avaient été brisées prématurément.

Nouer des amitiés a toujours été un défi pour moi, et cela n'a pas changé en devenant adulte. À 19 ans, j'étais déjà très exigeante, presque rigide, dans mes relations — sans vraiment comprendre que c'était une façon de me protéger. Si je me sentais trahie, je rompais les liens immédiatement. Peu importait si la personne avait réellement cherché à briser ma confiance ou non. Dès que je percevais le moindre signe de méfiance, émotionnellement, c'était fini. En d'autres termes, j'étais celle qui avait du mal à laisser les autres entrer dans ma vie.

Je ne pensais pas être une partie du problème ; je ne pouvais simplement pas rester dès que je ressentais une parcelle de négativité. En effet, beaucoup de mes relations, qu'elles soient amicales ou amoureuses, étaient empreintes d'émotions négatives qui coloraient même les bons moments. Avec le temps, j'ai compris que cela était lié à ma faible estime de moi et à un profond sentiment de culpabilité que je ne parvenais jamais à identifier. Je me sentais coupable de ne pas être une bonne amie ou d'avoir des comportements toxiques envers mes ex. Parfois, je ressentais même de la culpabilité sans aucune raison apparente.

À cause de ma faible estime de moi, je ne cherchais pas à construire des relations au-delà de ce que je pensais mériter, inconsciemment. Quand j'en ai eu assez de ressentir ces émotions accablantes, je me suis tournée vers l'alcool.

L'alcool m'a permis, ironiquement, d'avoir plus de contrôle. Certes, il abaissait de beaucoup mes défenses et me rendait plus "ouverte" aux autres. Mais surtout, il m'aidait à réprimer ces émotions inconfortables qui me hantaient. La culpabilité, l'anxiété, la honte et la rage : boire dissimulait tout cela, autant pour moi que ce que je ressentais pour les autres.

La plupart de mes amis de l'époque, je les ai rencontrés dans des bars. C'était parfait : aller boire, baisser mes inhibitions, bloquer les émotions négatives et accueillir l'interaction sociale. Le combo parfait. Les bars étaient l'endroit où je trouvais non seulement des compagnons de beuverie et de danse, mais aussi des partenaires de rendez-vous. Je ne vais pas mentir, c'était amusant. Cependant, les bons moments étaient inégalement contrebalancés par les mauvais. Malheureusement, comme j'étais ivre la plupart du temps, ça a brouillé mes souvenirs dans leur ensemble.

Ainsi, je ne réalisais mes mauvais jugements lors de rencontres que plusieurs années plus tard, après quelques réflexions. D'après ce que je me souviens de mes moments de sobriété, je percevais clairement les aspects négatifs de mes relations. Mes amitiés étaient empreintes de négativité. Par exemple, le frère d'une amie a tenté de me violer alors que j'étais complètement ivre. Nous étions colocataires à l'époque, et plus tard, elle m'a mise à la porte. Pourquoi ? Elle pensait que je voulais coucher avec son petit ami.

En dehors du fait que l'alcool brouillait mon jugement, pourquoi étais-je attirée par des personnes semblables à moi ? Beaucoup de femmes étaient comme moi d'une manière ou d'une autre : brisées, trahies, perdues, cherchant l'amour et la validation. D'autres adoptaient des comportements autodestructeurs pour tenter de reprendre le contrôle de leur corps et de leur autonomie. Souvent, ces comportements contribuaient également à leur victimisation.

Par exemple, je connaissais une jeune femme qui travaillait comme strip-teaseuse. Je l'avais rencontrée à l'époque où elle était en couple avec un ami de mon petit ami. Quelques mois après leur rupture, nous avons perdu contact. Puis, un jour, elle m'a rappelée pour me dire qu'elle avait fini par faire ce qu'elle avait longtemps tenté d'éviter : danser nue dans un club de strip-tease.

Je me souviens m'être demandé ce que je pouvais bien avoir en commun avec quelqu'un comme elle.

D'autres personnes de mon entourage occupaient des emplois ou vivaient des situations tout aussi difficiles. L'une était aussi danseuse dans un bar érotique. Une autre avait été victime d'agressions sexuelles à répétition. Deux autres amis vivaient dans une forme de fuite permanente, entre excès d'alcool et déconnexion.

En y repensant, je me rends compte que j'étais entourée de personnes profondément marquées par la souffrance. Et malgré moi, j'éprouvais une forme de proximité, d'attirance même, envers elles — quelque chose de plus fort que ma conscience.

Pour être tout à fait honnête, il m'arrivait de juger les autres — même celles que j'accueillais dans ma vie et avec qui je partageais une énergie semblable. Avec le recul, je réalise que mon regard manquait parfois de compassion.

Je comprends aujourd'hui que ce jugement était en réalité le reflet de mon propre combat intérieur : un rejet inconscient de ma honte, de mon besoin de reconnaissance, de mon insécurité profonde et de ce manque de confiance en moi.

Je n'étais pas encore en paix avec qui j'étais, et cela influençait la façon dont je percevais les autres.

La vérité, c'est que beaucoup de ces amies portaient elles aussi des blessures invisibles. Comme moi, elles tentaient de tenir debout malgré la douleur.

Quand nous étions ensemble, on essayait d'oublier, de se distraire : on sortait beaucoup, on buvait, on se lançait dans des expériences parfois risquées. C'était notre manière, à ce moment-là, de survivre. Mais ce n'était ni sain, ni vraiment durable.

Ces amitiés étaient superficielles et de courte durée. Mes relations amoureuses étaient tumultueuses. La plupart du temps, cela était dû à mes pulsions internes qui me poussaient à adopter des mécanismes d'adaptation en dehors de mon contrôle conscient. J'avais plusieurs problèmes que je reproduisais systématiquement et notoirement dans mes relations.

J'avais peur de l'engagement, refusant de risquer une douleur ou une trahison plus grande. Je ne pouvais pas m'imaginer investir dans un amour qui avait ne serait-ce qu'une petite chance d'échouer.

J'étais également incertaine quant à ma capacité à offrir un engagement à quelqu'un. La responsabilité me semblait être un fardeau trop lourd à porter. Cela ne ressemblait pas à la chose belle, sécurisante et aimante que les gens en bonne santé décrivent en parlant de relations à long terme. Pour moi, cela ressemblait à une prison, comme si j'étais piégée. Je ne voulais jamais me sentir coincée ou attachée à quelque chose, même si, au fond, je désirais de l'affection et de l'intimité.

Je voulais rester libre, et m'engager dans une relation était hors de question. Je pensais pouvoir obtenir la validation que je cherchais à travers des aventures d'un soir et des relations temporaires, en contrôlant ma vie amoureuse. Je faisais les choses comme je le sentais et m'éloignais dès que cela devenait trop sérieux. La plupart de ces « décisions » étaient prises sous l'effet de l'alcool, ce qui me permettait de rechercher la présence des autres et de m'accrocher à eux.

Apparemment, ces peurs et névroses sont normales chez les survivants d'abus sexuels, qu'ils aient eu lieu dans l'enfance ou plus tard. Une partie de cela est que, à cause du traumatisme, vous êtes méfiant à l'idée de vous mettre à nouveau dans une position vulnérable. Ainsi, vous naviguez dans les relations avec un mouvement de va-et-vient : vous essayez de chercher l'amour que vous souhaitez, mais la perspective de vous rapprocher trop vous remplit d'anxiété et vous retient. Vous pourriez vous éloigner de votre partenaire, mettre fin à la relation ou éclater de colère. Une autre partie est que le traumatisme peut gravement endommager votre estime de vous-même.

Beaucoup de victimes ne se sentent pas dignes d'un amour sain et respectueux. Elles attirent inconsciemment des relations où elles sont traitées au niveau de leur perception de leur propre valeur. Elles peuvent se sentir intrinsèquement indignes d'amour ou rejetées. Il peut être difficile pour elles de croire qu'elles peuvent recevoir un traitement correct et aimant de la part des autres. Cela ne signifie pas qu'elles sont responsables des situations dans lesquelles elles se retrouvent. Le traumatisme peut être si omniprésent qu'il affecte les pensées, les croyances, les émotions et les comportements d'une personne, les amenant à prendre des décisions peu utiles, voire dangereuses, telles l'abus d'alcool ou de drogues. Si elles ne prennent pas conscience de ces problèmes, il peut être difficile de s'en sortir et de guérir.

La honte est également un facteur important dans les rencontres et les relations. Les survivants d'abus sexuels dans l'enfance vivent avec un profond sentiment de honte, bien qu'ils n'aient absolument rien fait de mal. Souvent, ce sont les réactions des adultes, face au dévoilement des abus que l'enfant fit, qui implantent cette honte. Les parents et tuteurs qui rejettent les victimes, les accusent de mentir ou priorisent l'agresseur font que l'enfant se sent rejeté et humilié. Ainsi, les relations déclenchent ces sentiments de honte et d'humiliation parce que la vulnérabilité émotionnelle nécessaire à leur développement les expose au risque d'être rejetés.

Les victimes peuvent voir leur agresseur dans leurs partenaires, ce qui peut négativement influencer des situations pourtant positives. Encore aujourd'hui, je dois écouter mes peurs, car je pense parfois que mon anxiété vient d'une décision de mon conjoint. Mais de plus en plus, dès les premiers signes de ce malaise, je pratique une technique d'ancrage (décrite plus loin).

Une fois que j'ai reconnu ces problèmes en moi, j'ai compris qu'il fallait que quelque chose change. Je n'obtiendrais jamais l'épanouissement dans la vie que je désirais si je n'abordais pas ma vie sociale. En fait, j'ai donné la priorité à ma guérison émotionnelle par rapport à mes difficultés financières, car mes émotions incontrôlables étaient à la racine de tous mes problèmes.

Pour guérir émotionnellement et améliorer mes relations interpersonnelles, j'ai essayé de nombreuses avenues. Tout d'abord, je savais que je devais m'habituer à des situations sociales en dehors des soirées dans les bars, des danses et de l'alcool. J'ai donc rejoint une fraternité anonyme. Je comprends maintenant à quel point cela a été bénéfique pour moi à cette époque. Cela m'a permis de survivre. Cela m'a obligée à être présente avec d'autres personnes. Alors que d'habitude je me cachais derrière l'alcool ou évitais les attaches profondes ou les sujets sérieux, je devais désormais assister à des réunions et communiquer avec des gens. Ces activités au sein de la fraternité m'ont permis de lire, de partager mes expériences avec les autres, de parler de mes sentiments et de mes opinions. Parler de moi était quelque chose de nouveau. Réprimer mes émotions était devenu une seconde nature depuis l'enfance, et il était nécessaire de faire un effort conscient pour m'exprimer. Je devais également écouter les idées, les expériences et les sentiments des autres, ce qui m'a également aidée. Cela m'a appris à vivre avec les autres tout en restant sobre.

Au final, je pense que je n'aurais pas pu changer ma façon de penser et devenir plus tolérante envers la souffrance des autres sans les fraternités anonymes que j'ai rejointes. Cela m'a aidée à dissoudre mon ancienne habitude de juger les autres dans des positions similaires ou pires que la mienne, en ouvrant ma capacité à être empathique et à pardonner. Tout cela a culminé dans le pardon que je me suis accordée à moi-même.

Les Défis Relationnels des Survivants de Traumatismes Sexuels

Les difficultés relationnelles sont une conséquence fréquente des traumatismes sexuels vécus durant l'enfance. Comprendre pourquoi ces défis émergent peut aider à mieux les surmonter et à bâtir des relations plus saines.

Les survivants peuvent rencontrer des obstacles dans plusieurs aspects de leur vie :

- Les interactions personnelles : Il peut être difficile d'établir des connexions profondes ou d'aller au-delà des conversations superficielles.

- L'environnement social : Les relations familiales, professionnelles et amicales peuvent être affectées par une difficulté à s'affirmer ou à exprimer ses besoins.

- L'anxiété sociale : Ce malaise n'est pas nécessairement lié à de la timidité ou un manque de confiance en soi, mais plutôt à un sentiment diffus d'inconfort face aux autres.

Un système de défense hyperactif

Beaucoup de survivants développent une hypervigilance, une sensibilité excessive aux moindres signes de leur environnement :

- Un simple mouvement de sourcil ou un changement de posture peut être interprété comme une menace.

- Cette perception erronée peut entraîner des malentendus et alimenter une peur injustifiée du rejet ou du conflit.

- À force d'être à l'écoute des émotions des autres, certains finissent par négliger leurs propres désirs et besoins , menant à une perte d'identité et à une difficulté à poser des limites.

Une empathie excessive et ses conséquences

Les survivants de traumatismes sont souvent extrêmement empathiques, mais cette empathie peut devenir un fardeau :

- Elle pousse à adopter un comportement de "plaire aux autres" , au détriment de soi-même.

- Elle peut provoquer une fuite des relations par peur de déranger ou d'être un fardeau.

Or, les relations saines reposent sur un équilibre des besoins, la coopération et des ajustements mutuels.

Accepter les conflits pour des relations plus authentiques

Les désaccords sont inévitables et font partie d'une relation équilibrée. Chercher à être "parfait" ou à ne jamais causer d'inconvénients à autrui ne mène pas à des liens authentiques.

Reconstruire des relations saines implique :

- Apprendre à s'affirmer et à exprimer ses besoins.
- Comprendre que les conflits ne signifient pas nécessairement un rejet.
- Développer un sens de soi qui ne dépend pas uniquement des réactions des autres.

En fin de compte, guérir des traumatismes signifie aussi apprendre à s'autoriser à être soi-même dans les relations.

Un autre problème relationnel fréquent est l'incapacité à établir des limites. Alors que certains survivants sont hyper-sensibles au langage corporel des autres, d'autres, au contraire, se sentent plus à l'aise avec des personnes ou des situations qui sont les plus susceptibles de profiter d'eux. Une personne ayant subi des abus durant l'enfance peut être plus encline à se sentir "chez elle" avec des individus qui, inconsciemment, lui rappellent cette situation.

Enfin, une autre difficulté relationnelle courante est la capacité à se connecter, sympathiser, voire empathiser avec les autres. Ne vous méprenez pas : ce n'est pas parce que les personnes traumatisées manquent d'empathie. C'est plutôt en raison des symptômes et des conséquences du traumatisme : la dissociation, la peur, l'auto-culpabilisation et le repli sur soi, la mauvaise estime de soi, l'anxiété et les mécanismes d'adaptation addictifs. Ces éléments peuvent rendre plus difficile la présence dans les relations et la compréhension des perspectives des autres d'une manière qui ne nous attribue pas systématiquement la faute. Par exemple, vous pourriez sympathiser avec un ami traversant une période difficile, mais ce serait compliqué parce qu'un nuage dans votre esprit vous pousse à croire que c'est de votre faute si cet ami est distant.

Les difficultés relationnelles peuvent non seulement affecter votre santé émotionnelle et votre vie sociale – car tous les humains ont besoin de connexions pour survivre –, mais elles peuvent également nuire à votre vie professionnelle. Par exemple, vous pourriez avoir du mal à négocier ou à communiquer avec vos collègues. Vous pourriez hésiter à aborder votre manager ou votre supérieur pour avoir des conversations difficiles mais cruciales pour votre bien-être ou votre carrière. Comprendre pourquoi les autres agissent d'une certaine manière peut être compliqué, ce qui peut vous amener à prendre beaucoup de choses personnellement dans un cadre professionnel. Cela peut être une expérience perturbante, car vous portez une charge émotionnelle plus lourde que nécessaire dans votre travail.

Bien souvent, notre faible estime de nous-mêmes et notre tendance à nous blâmer nous poussent à croire que les paroles ou actions d'un collègue nous visent personnellement. Enfin, travailler en équipe ou dans une hiérarchie peut être globalement difficile. De nombreux survivants d'abus sexuels durant l'enfance peinent à dissocier leur sentiment d'impuissance vécu dans l'enfance des dynamiques de pouvoir présentes au travail, ce qui peut être déclencheur au quotidien.

Par conséquent, je suggère que la première étape de la guérison soit de trouver un environnement sûr pour pratiquer la communication interpersonnelle. Si vous êtes une victime d'abus sexuels dans l'enfance, vous pourriez vous sentir bloqué(e) sur le plan verbal. Vous portez en vous une multitude de choses que vous avez cachées pendant des années. Vous n'avez jamais appris les compétences nécessaires pour entretenir des relations saines ou même adopter des modes de communication sains avec les autres. Pendant longtemps, votre priorité principale a été de vous protéger, ce qui passait avant le plaisir de conversations innocentes, et encore moins de discussions profondes. Si vous pouvez trouver un environnement qui vous pousse en toute sécurité à développer vos compétences interpersonnelles et à exprimer ce que vous pensez, cela peut libérer votre parole.

5
RETROUVER L'ESTIME DE SOI

Le traumatisme peut affecter bien plus que votre état émotionnel et votre comportement. En raison des conséquences, les victimes peuvent éprouver des difficultés financières et scolaires sans en comprendre la raison.

À cause de ma deuxième expérience traumatique avec l'étudiant en doctorat, le mari de ma tante, j'ai associé des émotions négatives à l'enseignement supérieur. J'avais essentiellement une peur de poursuivre des études supérieures et une méfiance irrationnelle envers les étudiants universitaires. Cependant, si je voulais évoluer dans ma carrière et mes opportunités professionnelles, il me fallait obtenir un diplôme.

Quand j'ai finalement intégré le collège (au Québec, c'est le niveau suivant le lycée), j'ai suivi un programme de trois ans en programmation informatique. Ce fut incroyablement difficile pour moi, car mon estime de moi était à son plus bas niveau. Cela m'a empêchée de trouver un emploi dans le domaine de la programmation, puisque je n'étais pas capable de me mettre en valeur. J'ai appris plus tard que cette incapacité à "se vendre" dans une entrevue est aussi une des séquelles du traumatisme.

Après quelques années à vivoter et à occuper des emplois sans grand intérêt, j'ai décidé de m'inscrire à l'université pour améliorer mes compétences en informatique. J'étais un peu plus âgée que les autres étudiants, ce qui me faisait sentir que j'avais manqué beaucoup de choses, même si je savais que l'âge ne devrait pas être une limite pour apprendre. Cependant, je ressentais un profond sentiment d'inadéquation, comme si j'étais bien en retard par rapport aux autres personnes dans mes classes. Même si je faisais de mon mieux, j'avais l'impression que mon travail n'était jamais suffisant. Tout le monde semblait meilleur, plus intelligent et plus travailleur que moi. En somme, je souffrais d'un complexe d'infériorité sévère.

Ce sentiment d'infériorité est une expérience courante chez les personnes ayant survécu à des abus sexuels durant l'enfance. Le psychologue Alfred Adler a souligné que chacun n'a pas la même force intérieure ou la même confiance en soi pour poursuivre ses objectifs — et que ce manque peut être enraciné dans un profond sentiment d'infériorité.

Nous ressentons tous, à un moment ou un autre, le poids de ne pas être « assez » — pas assez bon, pas assez fort, pas à la hauteur. Mais pour certaines personnes, en particulier celles qui ont connu une enfance marquée par la douleur ou la négligence, ce sentiment devient presque un état permanent. Il s'infiltre dans tous les aspects de la vie, au point de créer une forme d'estime de soi chroniquement affaiblie.

Surmonter ce type de blessure demande un travail intérieur profond, souvent long, mais essentiel. Sans cela, même les objectifs les plus simples peuvent sembler inaccessibles — non pas par manque de capacités, mais parce que la personne ne se sent pas digne ou capable d'y parvenir, même si, de l'extérieur, tout le monde voit son potentiel.

C'était exactement là où j'en étais. Même si j'avais potentiellement les compétences nécessaires pour tirer parti de mes études et de ma vie professionnelle, je ne pouvais m'empêcher de croire que ce n'était pas possible pour moi. C'était une reddition incontrôlable. Ainsi, cela devenait une prophétie autoréalisatrice, où mon manque de croyance en moi-même m'empêchait de réussir quoi que ce soit. Après seulement un semestre, j'ai abandonné mes études universitaires.

Avec le recul, je reconnais maintenant que mon expérience universitaire faisait remonter des émotions bloquées liées aux abus que j'avais subis de la part de l'étudiant au doctorat. Aller en cours était d'autant plus difficile à cause du malaise constant qui m'habitait. J'étais détruite sans même le savoir. J'ai consulté une conseillère d'orientation dans l'établissement, et je n'ai pas pu m'empêcher de pleurer pendant tout l'entretien. Elle ne savait pas comment m'aider et moi, je ne savais pas pourquoi je pleurais.

Il existait bien des secteurs d'emploi attrayants sur le plan financier, mais ils n'avaient pas suffisamment de sens pour moi. Je ne parvenais pas à me projeter ni à trouver la motivation d'y faire carrière. Je sautais d'un travail à l'autre, essayant simplement de payer les factures et de survivre. J'ai aussi traversé de longues périodes de chômage. Par conséquent, je me suis retrouvée à vivre avec des colocataires, à peine capable de payer mes propres factures. J'avais peur de ne jamais atteindre le succès personnel et l'autonomie financière et peur de rester dans la pauvreté pour le reste de ma vie.

Je n'arrivais pas à trouver — ou plutôt à garder — un emploi. Ce n'était pas seulement une question d'insatisfaction, c'était un profond manque de motivation. Je me débattais avec mon identité, mes désirs, mes aspirations. À cette période de ma vie, je n'avais absolument aucune idée de ce que je voulais faire. Qui voulais-je devenir ? Qu'avais-je envie d'offrir ou de construire au fil de mon existence ? Cette indécision constante, ce sentiment d'errance, étaient source de grande frustration.

Tout ce que je ressentais, c'était de la colère. J'étais en colère contre tout : contre "les milieux de travail", pour diverses raisons, contre les collègues, contre les patrons. J'étais en colère parce que l'économie n'allait pas bien, et que ces emplois me rendaient la vie désagréable. J'étais en colère de devoir occuper un emploi que je n'aimais pas pour survivre. Je blâmais tout de la société, à chaque personne qui m'agaçait au quotidien. Je blâmais ma famille de ne pas m'avoir donné les ressources dont j'avais besoin. Bien que j'aie grandi dans une famille de classe moyenne, le détachement affectif au sein de ma famille, ajouté à l'arrivée de ma belle-mère durant mon adolescence, a compliqué ma capacité à chercher ou à accepter du soutien. Je ne pouvais faire confiance à personne d'autre pour ma vie ou mon avenir. Je devais tout faire moi-même.

Il s'est avéré que je ne pouvais pas non plus me faire confiance.

Les abus vécus durant l'enfance, qu'ils soient émotionnels, physiques ou sexuels, peuvent réduire la confiance à néant. Pour qu'une société continue de fonctionner, la confiance entre ses unités individuelles est nécessaire. Un patron doit faire confiance à ses employés pour qu'ils accomplissent leurs responsabilités, et les employés doivent faire confiance au patron pour qu'il leur accorde leurs justes récompenses. Les collègues doivent se faire confiance pour travailler efficacement et en collaboration. Les clients font confiance aux employés pour accomplir leur travail correctement, et les employés font confiance aux clients pour payer ce qu'ils doivent. C'est un système qui ne fonctionnerait jamais sans un minimum de risque.

Malheureusement, les survivants d'abus sexuels dans l'enfance apprennent que le risque est dangereux. Il n'en vaut pas la peine. Parce que la seule fois où ils ont décidé de faire confiance à un adulte — un adulte censé être responsable, attentif et protecteur — tout a changé. Leur confiance a été complètement détruite. Le risque qu'ils ont pris a entraîné une perte immense de leur esprit, de leur corps et de leur âme. Cette trahison peut interrompre leur développement sain. Ils apprennent qu'il vaut mieux ne pas prendre de risques et ne faire confiance à personne plutôt que d'essayer ou de mettre leur foi en les autres. Avec le temps, cette mentalité peut s'avérer désastreuse. Elle pousse une personne à ne compter que sur elle-même.

Malheureusement, cela signifiait que c'était moi contre le monde. Je projetais ma méfiance et mon traumatisme sur tout le monde, y compris dans mon travail. En réalité, c'était moi contre moi-même. Personne d'autre ne savait ce que j'avais vécu. Ils n'étaient pas responsables de la perte dévastatrice que j'avais subie dans mon enfance, de la perte de mon autonomie et de ma confiance, de mon contrôle et de ma puissance sur mon propre corps. Bien sûr, je n'étais pas responsable des actes que mes agresseurs m'avaient infligés. Mais je n'étais plus cette enfant, et je n'étais plus dans cette situation. Mes agresseurs n'étaient plus dans ma vie. Bien que j'aurais voulu obtenir justice, cela n'aurait pas changé le cours de ma carrière ou de ma situation de vie. Évidemment, j'aurais senti un certain soulagement, mais ça n'aurait pas affecté mes problèmes de confiance ou mes comportements. Ces choses dépendaient de moi.

Pendant tout ce temps où je blâmais les autres, je ne prenais pas la responsabilité de moi-même ou de ma vie. J'évitais le problème et je me donnais des excuses pour expliquer pourquoi je ne pouvais pas réussir ou obtenir la vie que je voulais. Faire cela me permettait de continuer à fuir ma douleur. À un moment donné, j'ai dû arrêter de vivre dans le passé et être plus consciente de la façon dont j'agissais et dont mes actions conduisaient à mes échecs.

Je devais m'attaquer à ces attitudes envers moi-même pour annuler les dégâts que le traumatisme avait causés dans ma vie. Tout d'abord, je devais surmonter la dissociation émotionnelle.

6

LA DISSOCIATION ÉMOTIONNELLE

Bien que la rage ait marqué de nombreuses périodes de ma vie, d'autres ont été marquées par des phases de vide intérieur. Je me sentais bloquée dans mes émotions au point de devoir simuler des réactions et des émotions pour paraître normale aux yeux des autres.

Ce n'est que plus tard dans ma vie que j'ai compris qu'il s'agissait en réalité d'une forme de dissociation émotionnelle. Une idée répandue, mais incomplète, consiste à croire que les personnes ayant vécu un traumatisme sévère durant l'enfance ne souffrent que d'instabilité ou de réactivité émotionnelle. Bien que cela puisse être vrai, ce n'est qu'un aspect du tableau. À l'autre extrémité du spectre, une réalité tout aussi marquante peut se manifester : un engourdissement intérieur, un sentiment de vide ou une profonde déconnexion d'avec ses propres émotions.

Identifier et ressentir certaines émotions peut être incroyablement difficile pour les victimes d'abus sexuels. L'expérience est très individuelle. Certaines personnes peuvent même ne pas comprendre les émotions du tout. Par exemple, j'ai rencontré une femme ayant vécu une expérience similaire à la mienne, qui croyait littéralement que les émotions étaient purement cognitives ou intellectuelles. En d'autres termes, elle ne reconnaissait pas sa réponse physiologique aux émotions et ne pouvait que deviner ce qu'elle "devait" ressentir en faisant des déductions mentales basées sur ce qu'elle observait dans la vie ou dans les films.

Plus fréquemment, la dissociation émotionnelle ressemble à une déconnexion de soi-même et de la réalité. Il est difficile de vraiment ressentir quoi que ce soit lorsque vous avez passé la majeure partie de votre vie à réprimer ces sentiments. Si vous avez appris à ne pas montrer ou même ressentir vos véritables émotions en tant qu'enfant, vous ne serez pas capable de les ressentir, de les reconnaître ou de les exprimer de manière saine une fois adulte.

À quoi ressemble exactement la dissociation émotionnelle ? C'est comme être dans un groupe de personnes où quelqu'un annonce une bonne nouvelle. Tout le monde sourit, applaudit et félicite. Vous reconnaissez qu'ils sont heureux pour cette personne. Vous voulez être heureux pour elle parce que vous sentez que vous devriez l'être, puisque c'est la chose normale à faire. Vous pouvez mentalement décider que c'est une bonne chose. Cependant, vous ne parvenez pas à susciter une véritable expression de bonheur pour eux. Ce n'est pas vraiment en vous. Au lieu de cela, vous devez observer les autres et imiter leurs réactions, comme un robot apprenant le fonctionnement des humains. C'était moi pendant longtemps. Je ne savais pas comment agir. Je devais me masquer dans les situations sociales et simplement refléter les émotions extérieures des autres.

Beaucoup de gens décrivent cette dissociation émotionnelle comme une paroi de verre entre eux et le reste du monde. Ils vivent, mais ils se sentent comme des observateurs perpétuels regardant les autres vivrent leur vie. D'autres ressentent comme un brouillard mental, incapable d'extraire un message clair de leur esprit pour l'exprimer à l'extérieur. Ils savent qu'ils ressentent quelque chose, mais c'est comme une mauvaise fréquence radio qu'ils ne parviennent pas à régler correctement. Sinon, la dissociation émotionnelle peut aussi ressembler à une mise en pause de la vie, comme si votre cerveau faisait une pause du moment présent. Tous ces facteurs rendent difficile la création de souvenirs, la connaissance de soi ou la confiance en soi, ce qui diminue l'estime de soi globale.

Pour moi, nommer mes émotions réelles était pratiquement impossible. Lorsque je traversais quelque chose de difficile, mon système nerveux était en surrégime, et je n'avais aucun moyen de recevoir le message que mon corps m'envoyait. J'étais en mode survie, et les émotions n'avaient pas leur place dans cet état. Je devais simplement m'en sortir. Ce n'est que lorsque je vivais des accès de rage intense que je pouvais identifier ce que je ressentais — c'était trop puissant pour être ignoré. De plus, il existe ce phénomène intéressant où la colère est une émotion plus socialement acceptable que d'autres formes d'expression. Pourquoi ? Tout cela remonte à la conditionnement de l'enfance.

Inutile de dire que cet état, lorsque chronique n'est pas sain. Ce n'est ni de la force, ni de la résilience, ni une forme d'autoprotection. C'est un dysfonctionnement du mécanisme de défense du corps. Le traumatisme sexuel de l'enfance peut perturber votre système nerveux. La réponse au stress à long terme peut surcharger vos défenses, amenant les hormones du stress à affecter négativement le centre émotionnel du cerveau : le système limbique. Le stress élevé peut dépasser les niveaux de détresse que votre corps et votre cerveau peuvent gérer, et tout se désactive. Le compteur de stress se casse. Plus d'émotions.

Ce type d'expérience de stress élevé sur une longue période, combiné à une incapacité à gérer correctement ce stress, peut vraiment épuiser le corps. Cela peut entraîner un brouillard mental, des problèmes cognitifs, des troubles de la mémoire, de l'inflammation et une fatigue chronique, entre autres problèmes de santé.

Si vous souffrez de dissociation émotionnelle chronique, cela signifie que vous avez survécu à peine pendant longtemps, et vous devez aborder ce problème immédiatement. Sans connexion à vos émotions, l'amour de soi est impossible. Savoir ce que vous voulez dans la vie est impossible. Fixer des limites dans vos relations et exprimer vos besoins est impossible. Comment pouvez-vous même connaître vos besoins et vos désirs ? Comment savoir si vous faites quelque chose pour plaire à une autre personne ou pour vous-même ? Comment découvrir vos véritables aspirations dans vos études ou votre carrière, et trouver la motivation nécessaire pour atteindre vos objectifs ?

Beaucoup des problèmes de ma vie pouvaient être attribués à ma dissociation émotionnelle.

Une des meilleures choses que le groupe de soutien pour femmes m'a apprises est que les victimes n'ont pas accès à leurs émotions. La raison en est que, dans notre enfance, nous n'avons pas été crues. Il est bien établi dans le domaine du développement de l'enfant que les enfants apprennent tout en observant leurs parents. Une parentalité saine implique que le parent affirme et valide le sentiment d'identité de l'enfant, y compris ses émotions. Après tout, les émotions jouent un rôle clé dans la formation des souvenirs : les souvenirs forts sont associés à des émotions fortes, ce qui agit comme un signal indiquant au cerveau ce qui est important à retenir.

Tout d'abord, valider les émotions d'un enfant, c'est accepter ses sentiments et lui permettre de les exprimer. Souvent, les enfants ne cherchent pas une solution rapide ou un moyen de se sentir mieux. Au fond, tout ce qu'ils veulent, c'est du réconfort, quelqu'un qui les soutienne, peu importe ce qu'ils ressentent, et qui leur donne le sentiment d'être écoutés et reconnus. Lorsque les émotions de quelqu'un sont prises au sérieux, cela ressemble à une sorte de preuve de son droit à exister en tant qu'individu. Nous sommes sur cette terre pour ressentir et vivre des expériences, et si personne ne se soucie de nos sentiments, c'est presque comme un rejet de notre existence.

Malheureusement, il arrive souvent que les parents ne soient pas équipés pour valider les émotions de leur enfant. Peut-être n'ont-ils jamais appris à réguler leurs propres émotions, ou bien pensent-ils que les émotions ne doivent pas être exprimées. Certains parents ne se sentent pas à l'aise de montrer leurs sentiments ou de réconforter leurs enfants. D'autres parents, tout simplement, ne comprennent pas leurs enfants. Mais, dans la plupart des cas, les besoins émotionnels des enfants ne sont pas considérés comme importants, car les adultes supposent que l'expérience de l'enfance sera oubliée une fois que l'enfant grandira. Quelles que soient les raisons, les parents vont minimiser les émotions de l'enfant, les ignorer, rediriger l'attention vers eux-mêmes (par exemple : « Ce n'est rien ! Quand j'avais ton âge... »), ou réagir avec frustration.

Que se passe-t-il lorsque les parents ne valident pas les émotions de leur enfant ? Les enfants seront incapables de gérer leurs propres émotions, ou même parfois de les comprendre. Certains apprennent à réprimer leurs émotions parce qu'ils ont compris que leurs sentiments n'ont pas d'importance. Cette répression peut entraîner une longue liste de conséquences négatives et de problèmes de santé plus tard dans la vie. La répression est une forme de dysrégulation du système nerveux, et cela peut causer de grands ravages sur le corps. D'autres enfants apprennent uniquement à exprimer leurs émotions de la même manière que leurs parents, souvent par des accès de colère ou en évitant les problèmes. De plus, ils n'apprennent pas à offrir eux-mêmes du réconfort émotionnel. Ils peuvent traiter leurs proches de la même manière que leurs parents les ont traités lorsqu'ils étaient jeunes.

Dans l'ensemble, cette invalidation émotionnelle constante durant l'enfance mène à une incapacité à exprimer de manière saine des émotions comme la tristesse, la honte, la culpabilité, et d'autres sentiments difficiles. Cela peut entraîner une sensation générale de dissociation émotionnelle tout au long de la vie. Même si vous avez des émotions, vous les réprimez. Il devient impossible de s'y connecter, et encore moins de les montrer. De nombreux survivants d'abus sexuels dans l'enfance portent en eux une grande tristesse et une honte refoulées, qu'ils ont été forcés d'enfouir. Cela s'explique par le fait qu'ils ont peut-être cherché de l'aide auprès d'un parent ou d'un adulte qui les a invalidés, les a fait passer pour stupides ou fous, et a fait comme si leur expérience n'existait pas. Ces enfants n'ont alors d'autre choix que d'internaliser ce message et de continuer leur vie en prétendant littéralement que leur traumatisme n'existe pas.

Notre cerveau pendant l'enfance est brut, sous-développé et constitué principalement du système limbique, qui régit les désirs et motivations nécessaires aux fonctions humaines les plus basiques (mais cruciales), comme la faim, la douleur, le plaisir et toutes les émotions. Comme nous ne développons des modes avancés de pensée consciente et de traitement qu'à un âge plus avancé, tout ce que nous apprenons durant nos jeunes années (avant l'adolescence) est inconsciemment intégré. Ce que nous internalisons ou apprenons inconsciemment devient une force plus puissante que notre esprit conscient. Donc, même si nous savons ce que nous voulons consciemment en tant qu'adultes, il est difficile de surpasser les programmes habituels que nous avons intégrés il y a des décennies.

Malheureusement, la dissociation émotionnelle va bien au-delà d'un simple décalage entre ses émotions et son identité. Au quotidien, on ressent une sphère d'émotions négatives inexploitées en soi, qui ne reflètent pas la situation actuelle. C'est comme si toutes les émotions réprimées restaient coincées dans votre corps, surgissant à des moments inopportuns et vous faisant mentalement décrocher du moment présent.

Par exemple, je me souviens d'une fois où je conduisais avec un ami. Nous parlions de tout et de rien à la fois ; c'était l'un de ces moments rares de connexion interpersonnelle qu'on souhaiterait voir durer éternellement. Nous faisions un long trajet vers la ville pour un rendez-vous médical. Alors que nous approchions de l'autoroute, un chantier de construction à proximité nous perturbait par ses bruits assourdissants. Soudain, mon ami se tourne vers moi et demande : « Est-ce que tu voudrais vivre en ville avec tout ce bruit ? »

Je ne sais pas pourquoi cette question apparemment anodine a provoqué un changement soudain dans mon énergie. Tout ce que je savais, c'est que je connaissais la réponse. Je savais que ma réponse ne serait pas affirmative, mais je n'arrivais pas à la formuler. Pour une raison quelconque, répondre honnêtement à cette question rendait une partie de moi inconfortable. Aujourd'hui, je suppose que c'était dû au fait que la question était trop spécifique pour moi et qu'elle m'obligeait à fournir un avis personnel. Exprimer mes véritables opinions et sentiments a toujours été une lutte pour moi. Parfois, je connaissais la réponse, mais la question me semblait trop chargée ou liée à mes expériences négatives personnelles, si bien que je ne voulais pas répondre. D'autres fois, je ne connaissais pas la réponse, ou elle était trop compliquée pour que je puisse répondre rapidement, et le fait de devoir rassembler mes pensées me paralysait. Je n'ai jamais appris à organiser mes pensées et mes opinions pour exprimer ma vérité ; au lieu de cela, je suivais simplement le courant, j'évitais l'inconfort, et je laissais les autres prendre les rênes.

Peu importe pourquoi cette question m'a fait perdre le fil de la conversation, cela montre à quel point la dissociation est imprévisible. Parfois, une chose si anodine peut soudainement la déclencher. Après cette question sur le fait de vivre en ville, je n'étais plus capable de m'exprimer correctement ni de verbaliser mes pensées. Une couche d'anxiété bouillonnait sous la surface de mon esprit sans aucune raison rationnelle. Ce sentiment d'inconfort est resté avec moi, je ne le comprenais pas et je n'arrivais pas à revenir dans le moment présent. C'est ce que fait la dissociation : elle vous laisse coincé dans un état intermédiaire, incertain de la façon de continuer à avancer sans laisser une émotion traverser votre corps (comme elle le devrait) et sans les outils pour traiter cette émotion.

Selon la cinquième édition du Diagnostic and Statistical Manual of Mental Disorders (DSM-5), la dissociation est une « perturbation » de « l'intégration subjective du comportement, de la mémoire, de l'identité, de la conscience, des émotions, de la perception, de la représentation corporelle et du contrôle moteur ». En d'autres termes, c'est lorsque vous devenez déconnecté de vos sens physiques, de votre corps et de votre identité. Tout ce que vous percevez semble atténué, comme s'il y avait un brouillard entre vous et le monde extérieur. La dissociation se manifeste de différentes manières, mais elle est généralement une forme incontrôlable d'évitement des situations ou sentiments difficiles, souvent liée à la dépression, à l'anxiété, aux troubles paniques ou à des troubles liés au traumatisme.

Étant donné que la dissociation est un spectre qui varie d'une personne à l'autre, de nombreux signes peuvent indiquer sa présence :

Se déconnecter des conversations

Être dans un état de confusion ou d'hébétude

Fixer un point dans le vide

Temps de réaction ou de réponse ralenti

Avoir l'impression que rien n'est réel ou que le monde semble irréel

Se sentir comme un observateur de sa propre vie

Retrait social en public

Brouillard mental

Agir ou vivre en mode automatique

Affect plat (absence d'émotion)

Oublis fréquents

Sauts d'humeur rapides

Changements de comportement

Les formes légères de dissociation incluent le fait de rêvasser ou de perdre le fil de ses pensées. Tout le monde peut se « dissocier » à un moment ou à un autre, par exemple en se laissant emporter par l'intrigue d'un livre. Les formes plus graves de dissociation peuvent inclure la dépersonnalisation ou l'amnésie dissociative. Certaines personnes ayant un passé traumatique peuvent vivre un mélange de ces manifestations en même temps, ou souffrir d'un trouble dissociatif spécifique, tel que le trouble de dépersonnalisation ou le trouble dissociatif de l'identité. Quelle que soit la forme, la dissociation peut rendre le fonctionnement quotidien très difficile.

Un signe plus marquant de cet anesthésie émotionnelle est la sensation que votre vie est divisée en deux parties, avec un changement d'identité entre les deux. Avant un événement passé, vous aviez l'impression d'être une personne complètement différente de celle que vous êtes aujourd'hui. De cette manière, la dissociation a un impact majeur sur votre perception de votre identité. Vous pouvez vous sentir détaché de votre moi passé ou avoir l'impression d'être une personne différente d'une semaine à l'autre. Si votre perception de vous-même et votre identité changent au jour le jour, en fonction des déclencheurs stressants, il devient évidemment difficile de maintenir un sentiment de soi stable.

La dissociation a, bien sûr, une raison d'être. Elle intervient lorsque votre niveau de stress dépasse votre capacité perçue à gérer ce stress. Tout le monde a un seuil de stress, ou une limite, au-delà de laquelle il peut gérer sainement et de manière résiliente une situation difficile. Les adultes ayant un passé d'abus durant l'enfance, qu'il soit physique, émotionnel ou sexuel, n'ont pas été équipés des outils de résilience émotionnelle nécessaires pour gérer en toute sécurité un stress intense. Pire encore, pour ceux souffrant de TSPT complexe, des déclencheurs aléatoires peuvent les faire se sentir comme s'ils étaient dans une situation insurmontable, car cela leur rappelle inconsciemment leur enfance traumatique ou un moment où ils étaient impuissants.

Il y a aussi un autre facteur important : la perception de notre capacité à gérer le stress. Nous pensons que nos capacités et nos limites existent indépendamment de notre contrôle. Cependant, parfois, la manière dont nous percevons nos capacités et nos limites peut également influencer notre réponse au stress. Par exemple, si vous êtes confronté à une échéance stressante au travail, c'est la façon dont vous percevez votre capacité à gérer la situation qui influence réellement comment vous allez y faire face. Croyez-vous pouvoir y arriver ? Où situez-vous votre « dernier seuil » ? Vous voyez-vous comme une personne résiliente et capable ? Je ne dis pas « Si vous croyez que vous pouvez, vous pouvez ». C'est trop simpliste. Cependant, il a été démontré que la croyance d'une personne en sa capacité à faire face au stress (l'auto-efficacité en matière de gestion du stress) peut augmenter sa limite pour gérer le stress. Malheureusement, c'est une mauvaise nouvelle pour les survivants d'abus durant l'enfance, car personne ne leur a jamais appris à croire en leur capacité à gérer quoi que ce soit dans la vie, et encore moins une émotion négative.

Parlons maintenant des conséquences des comportements dissociatifs. Les effets de la dissociation sont souvent pires que les épisodes eux-mêmes. Se dissocier au milieu d'une conversation ou d'une situation m'a conduit à des conflits et des disputes interminables avec les autres. J'ai des trous dans ma mémoire à court terme qui ont fait que d'autres personnes se demandaient si je les écoutais vraiment ou si je me souciais d'eux. Cela a affecté ma perception des choses, voire mon identité.

C'est également ce qui a contribué à mes accès de rage. Après qu'un épisode de dissociation ait créé des problèmes entre moi et les autres, je ressentais de la culpabilité et me sentais responsable de ne pas avoir un meilleur contrôle sur moi-même. J'avais honte d'avoir ce problème, un problème dont je ne comprenais même pas la cause. Comme je ne savais pas pourquoi ces épisodes dissociatifs se produisaient, je n'avais aucun moyen d'atténuer ma détresse émotionnelle. Alors, je ne pouvais qu'échapper à ma manière habituelle : la colère. J'ai éclaté de colère contre de nombreuses personnes à cause de mes tendances dissociatives, car, sur le moment, je n'avais pas d'autre réponse ou explication à donner. C'était une manière de me protéger, comme une répétition du rejet auquel j'avais été confrontée enfant, lorsque j'allais voir ma mère avec mes émotions et qu'elle me rejetait.

J'ai appris maintenant que les victimes d'abus dans l'enfance ont tendance à ressentir beaucoup de colère et une grande sensibilité au rejet.

Malheureusement, lorsque vos émotions vous semblent floues, la réalité peut vous échapper. Non seulement sur le moment, mais aussi plus tard, lorsque vous repensez à votre journée, votre semaine ou votre mois. Vos souvenirs et votre vie peuvent sembler effacés.

Même les relations avec les gens paraissent superficielles et diluées, vous luttez pour vous sentir proche des autres, car vous n'êtes pas au même niveau émotionnel qu'eux. Vous ne pouvez pas vous réjouir pour les autres dans leur bonheur, ni ressentir véritablement de la tristesse pour eux. Il est très difficile de ressentir de l'empathie quand vous ne pouvez même pas vous connecter à vos propres émotions. C'était mon expérience.

Je ne pouvais me connecter qu'avec d'autres personnes qui « faisaient aussi abstraction » de la réalité par l'alcool ou le sexe.

Participer au groupe de soutien pour femmes m'a aidée à surmonter mes difficultés émotionnelles.

Discuter avec les autres survivantes m'a permis de traiter mes émotions. Nous avions toutes vécu des expériences similaires, donc les partager m'a permis de me reconnecter à mes propres émotions dans un environnement contrôlé. Entourée d'autres victimes d'abus durant l'enfance, je me sentais en sécurité pour être ouverte. Bien que cela ait été difficile au début, le cadre patient et calme m'a permis de baisser ma garde. Cela a également permis à mes véritables désirs de se révéler et m'a motivée. Cela a renforcé mon besoin de comprendre les raisons de mon instabilité émotionnelle, de ma colère inexplicable, de mes maux d'estomac et de mon anxiété.

Cela m'amène à la prochaine étape que j'ai apprise de mon expérience : la guérison nécessite un désir, voire une obsession, de vouloir se guérir et se comprendre. J'aurais facilement pu continuer, émotionnellement engourdie et impuissante, en pensant que c'était ainsi que ma vie allait être pour toujours. Cependant, j'étais épuisée de vivre comme ça. J'en suis arrivée au point où la douleur de rester ainsi était plus grande que la douleur qu'il me faudrait endurer pour changer. La perspective de continuer à vivre de cette manière me terrifiait plus que l'idée de changer. Comme je l'ai dit, il est difficile d'atteindre un état où l'on a des objectifs ou des aspirations solides lorsque l'on est un survivant d'abus. Être en mode survie limite votre optimisme et votre vision de la vie. C'est pourquoi il est important d'identifier vos principaux problèmes à résoudre et de trouver un filet de sécurité, comme un groupe thérapeutique de soutien, qui puisse vous pousser au niveau supérieur.

Une fois que ce désir s'est allumé en moi, je n'ai pas immédiatement pu verbaliser mes émotions. Cela signifiait que je devais passer à l'étape suivante de mon parcours de guérison : identifier mes émotions et mieux me connaître.

Identifier et nommer ses émotions est un outil clé pour s'ancrer et affronter la dissociation. C'est ce qui peut aider à libérer les émotions enfouies en vous depuis si longtemps et vous permettre d'être plus en phase avec votre identité. Après tout, vous ne pouvez pas améliorer un problème que vous ne comprenez pas. Une fois que vous savez quelle émotion vous ressentez, vous pouvez l'exprimer et y répondre. Le groupe de soutien pour femmes nous a donné beaucoup d'entraînement à reconnaître les émotions existantes et à comprendre comment elles se manifestent dans le corps. De nombreux services de thérapie proposent des informations sur les émotions et les réponses physiologiques qui les accompagnent, mais il y a aussi beaucoup de ressources en ligne. Apprendre à connaître les émotions et pourquoi elles apparaissent réduit notre peur à leur égard. Et c'est pour cela que nous les évitons, n'est-ce pas ? Parce que nous ne savons pas ce qu'elles sont ni pourquoi elles surgissent.

En gros, j'ai dû m'exercer à associer ce que mon corps ressentait à mes émotions. Si je ressentais un inconfort, qui était généralement un signal ou un déclencheur de dissociation, je devais m'y pencher plutôt que de le repousser. Chaque fois que je me sentais mal, anxieuse ou en colère, je ne le repoussais pas. Je le voyais comme une opportunité de mieux me comprendre. Pour cela, j'ai dû m'habituer à être plus présente dans mon corps.

Avec le temps, comprendre mes émotions a conduit à une meilleure connaissance de moi-même. J'ai appris à reconnaître mes déclencheurs et à réfléchir à leur origine. En remarquant des schémas en moi, ma confiance en mon intuition s'est renforcée. C'est là toute la valeur de la connaissance de soi : elle augmente l'estime de soi parce que nous savons ce dont nous sommes capables. Cela déclenche un effet domino où une meilleure estime de soi améliore la façon dont nous nous percevons dans d'autres domaines de la vie. Un autre avantage de la compréhension de mes émotions est que je devenais meilleure pour me valider moi-même. Avec tous les bénéfices positifs qui m'ont été volés dans l'enfance, je me les offrais lentement mais sûrement. J'étais clairement sur une trajectoire positive dans mon parcours de guérison.

Enfin, l'un des points positifs de la compréhension de la dissociation est qu'elle m'a donné une prise de conscience des raisons et des origines de mes problèmes. Cette simple conscience m'a donné plus de contrôle sur ma vie. Cela m'a permis de réfléchir à mes capacités et de me poser la question : « D'accord, combien de stress puis-je gérer ? Puis-je augmenter ma limite à chaque fois ? » C'était devenu un jeu pour voir combien de défis, petits ou grands, je pouvais surmonter.

Dans l'ensemble, améliorer ma santé émotionnelle a été une des clés pour trouver les réponses à mon passé dont j'avais tant besoin.

7

SE SOUVENIR

Se souvenir, lorsqu'il s'agit de traumatismes graves, ne se fait pas tout d'un coup. Cela ressemble plutôt à l'assemblage des pièces d'un puzzle, une par une, sur plusieurs années. Chaque pièce du puzzle peut être une information qui refait surface dans votre esprit à cause d'un déclencheur. Cela peut être une image mentale, une pensée intrusive ou une sensation physique.

Lorsqu'un déclencheur survient, votre corps perçoit un certain élément qui lui rappelle l'époque de l'événement traumatique. Les déclencheurs parlent à votre mémoire parce que le cerveau associe les messages de vos sens à vos souvenirs. Donc, même si vous ne vous souvenez pas consciemment de quelque chose, votre cerveau enregistre et classe quand même les souvenirs sensoriels.

Le problème, c'est lorsque ces déclencheurs surviennent de manière inattendue dans votre vie quotidienne. Quand vous ne pouvez pas prédire quand ils vont arriver, il est difficile de contrôler votre réaction. Cela peut être très perturbant, causant des problèmes dans vos relations ou au travail. Pour certaines personnes, des déclencheurs graves peuvent entraîner des crises de panique, rendant le fonctionnement quotidien très difficile.

D'un autre côté, vos déclencheurs vous envoient des messages que vous devez décoder pour avancer dans votre guérison. Donc, ne pas en être pas conscient peut être une expérience à la fois effrayante et dysfonctionnelle, menant à encore plus de peur, surtout si vous ne comprenez pas pourquoi cela se produit. Pour certains, les déclencheurs peuvent entraîner une anxiété sévère et des crises de panique qui les poussent à éviter certaines situations. Ce qui rend les déclencheurs si limitants, c'est qu'ils peuvent provoquer des flashbacks, un sentiment paniqué d'impuissance, une anxiété généralisée et même des sensations tactiles qui donnent l'impression que le traumatisme se reproduit. Tous ces symptômes rendent la vie quotidienne stressante, compliquant la concentration.

Je suis sûre d'avoir été déclenchée de nombreuses fois, bien avant de comprendre ce qui se passait, compte tenu de l'impact qu'a eu la dissociation sur ma vie. Avec les déclencheurs, plus vous dévoilez de choses, plus les épisodes peuvent devenir intenses ou angoissants. D'un côté, cela signifie que vous progressez dans votre parcours de guérison. D'un autre côté, cela peut également rendre les choses plus terrifiantes. Mais j'avais toujours sous la main le numéro d'assistance nationale aux victimes, au cas où j'en ressentirais le besoin.

Les déclencheurs sont des rappels physiques ou sensoriels qui appuient sur un bouton dans votre cerveau subconscient, faisant remonter ces souvenirs douloureux. C'est une sorte de flash qui active une réponse au stress. Ces déclencheurs sont créés par nos sens lors de la formation des souvenirs. Même si nous n'avons pas l'image du souvenir dans notre esprit, l'information sensorielle est toujours stockée, ainsi que les émotions puissantes que nous avons ressenties à ce moment-là. Plus tard, lorsque ces déclencheurs sensoriels se présentent, notre cerveau déclenche une alarme parce qu'il a peur que la même chose ne se reproduise. Par exemple, les vétérans souffrant de TSPT (trouble de stress post-traumatique) peuvent être déclenchés par le bruit des tirs ou des explosions. Une personne qui a subi des abus physiques dans son enfance pourrait être déclenchée par le bruit d'une ceinture.

Deux personnes peuvent vivre un traumatisme et des déclencheurs de manière très différente, même si l'événement ou la situation était similaire. Cela dépend de nombreux facteurs, allant de la personnalité à l'intelligence émotionnelle, de la nature du traumatisme à sa signification personnelle pour l'individu. La puissance d'un déclencheur pour une personne ayant vécu un traumatisme similaire ne reflète en rien sa « force » ou sa « faiblesse », car trop de facteurs entrent en jeu.

Lorsque vous êtes "réactivée" par un élément déclencheur, vous ressentez en grande partie les émotions résiduelles associées aux abus sexuels. Tout ce qu'il vous reste, ce sont ces sentiments qui subsistent, tels la honte, la culpabilité. En retour, vous oubliez un événement qui a marqué toute votre vie.

Quand j'avais seulement cinq ans, un curé m'a abusée

Devenue adulte, ce souvenir a refait surface lors d'une visite à l'épicerie. J'étais encore dans ma voiture, attendant que le feu passe au vert. Puis, un flash. J'ai ressenti une expérience viscérale : celle de sperme qui m'éclaboussait le visage. Il est difficile d'expliquer comment on peut savoir si précisément ce que quelque chose ressent, alors que l'on n'en a jamais consciemment fait l'expérience à l'âge adulte.

J'avais enfin reçu la dernière pièce du puzzle. Je me souvenais enfin de l'incident traumatique avec le curé. Mon corps s'est mis à trembler de manière incontrôlable.

Ces tremblements m'ont effrayée, mais selon les psychologues, il s'agit d'une réponse normale au traumatisme. Ce sont des tremblements thérapeutiques provoqués par le système limbique (la partie émotionnelle du cerveau) lorsqu'il perçoit un danger. En réalité, le déclencheur a activé mon système nerveux, amenant mon corps à en montrer la preuve.

J'étais tellement secouée que j'ai dû garer ma voiture. Mes mains tremblaient et je n'étais plus en état mental d'aller faire les courses. J'ai appelé la ligne d'assistance nationale, une ressource qui m'a aidée à me remettre debout, pour ainsi dire, suffisamment pour continuer les courses de la journée.

Bien que terrifiant, ce souvenir soudain était une preuve. Enfin, j'avais la confirmation des événements qui, même si je savais au fond de moi que je les avais vécus, restaient flous parce que je ne pouvais pas croire en moi. Personne d'autre ne m'aurait crue. Ma mère ne l'a pas fait. Alors comment aurais-je pu le faire ? Maintenant, cependant, ce flashback était solide, sur un plan corporel total, et je pouvais presque me sentir revenir à cette époque. Aussi effroyable que fut ce flashback soudain pour moi, il m'a permis de ressentir la paix et la validation de mon expérience. Cela parce que maintenant, je savais que c'était vrai. De plus, en tant qu'adulte qui avait gagné plus de respect et de confiance en moi depuis l'enfance, je pouvais maintenant avoir foi en ma mémoire.

Dans le cadre du TSPT (trouble de stress post-traumatique), revivre ces souvenirs est courant. Les flashbacks peuvent paraître si réels qu'ils éclipsent la réalité du moment présent. Vous avez littéralement l'impression d'être de retour dans le temps, ressentant les sensations physiques du souvenir. C'est assez terrifiant, et vous pouvez vous sentir comme basculer dans la folie à cause de cela. D'autres revivent leur traumatisme sous forme de pensées intrusives et d'images qui, bien qu'elles ne soient pas une expérience corporelle totale, sont très dérangeantes et perturbantes.

La question est : pourquoi a-t-il fallu si longtemps pour que je me souvienne ? Tout cela fait partie de l'effort protecteur du cerveau. Quand vous êtes jeune, juste après avoir vécu un traumatisme, y penser ou s'en souvenir peut être si sévère et accablant que le cerveau garde ces souvenirs cachés et inaccessibles. Beaucoup de gens peuvent oublier ou penser qu'ils ont tourné la page. Mais en réalité, ils ne l'ont jamais réellement traité.

Soudainement, plus tard dans la vie, ces émotions et souvenirs non traités refont surface. Cela signifie-t-il que vous n'avez jamais été guérie ? Devenez-vous en réalité plus faible ou plus vulnérable ? Êtes-vous en train de perdre la tête ? Perdez-vous les progrès de votre guérison ? Non. En fait, c'est tout le contraire. De nombreux thérapeutes experts affirment que lorsque les souvenirs traumatiques refont surface, c'est parce que votre cerveau sent que vous êtes désormais mentalement capable de les gérer. Les souvenirs et émotions qui étaient autrefois écrasants et auraient pu vous détruire sont maintenant prêts à être traités parce que vous êtes prête. Une partie profonde de vous est maintenant devenue stable, même si cela ne semble pas être le cas. Vous ne vivez plus en mode survie. Bien que ce soit toujours difficile, cela signifie en réalité que vous êtes sur le point de progresser encore plus et enfin guérir ces parties réprimées de vous-même de la bonne manière. C'est presque comme débloquer le niveau le plus élevé dans un jeu vidéo.

J'ai finalement contacté ma cousine, qui m'avait accompagnée chez le curé. Il s'est avéré que, bien qu'elle n'ait aucun souvenir de l'événement, elle faisait des cauchemars terribles liés à ce jour-là. Pour moi, c'était une autre confirmation. Même si ce n'était pas une preuve physique à présenter devant un tribunal, cela validait mon traumatisme. En même temps, cela ne signifiait pas que je me sentais comme si j'avais « gagné ». Le seul avantage que j'ai tiré de ce souvenir était la clarté ; j'ai pu comprendre ce qui m'avait tant fait souffrir et comment cela avait conduit à toutes les conséquences dans ma vie.

Je savais que même si j'avais l'impression que la plupart des problèmes dans ma vie étaient causés par moi et de mauvaises décisions, ils étaient en réalité le résultat de quelque chose de réel et d'horrible qui s'était passé quand j'étais jeune. En faisant mes recherches, j'ai lu dans un rapport (AMTV) sur les impacts de la violence sexuelle dans l'enfance que l'agresseur est celui responsable de transformer une personne en victime par le biais de son acte illégal et immoral. Lire cela m'a profondément touchée et a changé la façon dont je me voyais. Auparavant, je me sentais coupable, comme si c'était en quelque sorte ma faute d'avoir « invité » l'abus, que j'avais fait quelque chose que d'autres enfants innocents ne faisaient pas, me mettant ainsi dans cette situation. En réalité, ce sentiment est normal chez de nombreux survivants.

Puis, lorsque vous réalisez enfin que vous êtes la victime, cela reste une étiquette accablante. C'est presque comme si être victime était un choix que vous aviez fait.

Vous vous sentez responsable de votre propre statut de victime. C'est de là que vient la honte.

Lire cela m'a redonné du pouvoir, car j'ai compris qu'être victime n'était pas un choix, que ce n'était pas une partie de mon identité ; c'était quelque chose que mes agresseurs m'avaient imposé. Je pouvais enfin remettre la responsabilité des actes à l'agresseur. Ce n'était pas ma faute, donc je n'avais plus besoin d'être désolée ou de pleurer de honte. Bien que ces sentiments soient valides, ils n'avaient plus de raison d'exister. Il est incroyable de voir comment le simple fait d'être conscient de quelque chose ou de comprendre la raison derrière cela peut vous libérer de son emprise. Maintenant que vous savez d'où cela vient, cela perd de sa puissance sur vous.

Avec ce souvenir, je sentais que je progressais davantage dans ma guérison. Je devais laisser ces émotions douloureuses m'envahir pour éviter une nouvelle dissociation. L'éviter ne ferait que me faire reculer. Repousser ces souvenirs ne servirait à rien. Le souvenir m'a donné des réponses longtemps attendues qui, bien que dérangeantes, me permettraient d'avancer. Comme beaucoup le disent, la seule façon de sortir d'une expérience douloureuse est de la traverser. C'est là que la croissance se produit.

8
RÉPONSES APAISANTES

Tout le monde veut connaître la vérité : le quoi, le comment, et le pourquoi. Une grande partie de notre souffrance provient simplement du fait de ne pas comprendre pourquoi nous avons les problèmes que nous avons. Comme le disent de nombreux experts en santé mentale, prendre conscience du problème peut vous en libérer. Acquérir cette conscience est souvent la première étape pour résoudre vos problèmes.

Lorsqu'il s'agit d'un passé traumatique, vous vous retrouvez avec tous ces problèmes de santé mentale et ces défis à fonctionner dans la vie quotidienne sans en comprendre la source. Cela peut aggraver les choses, car vous commencez alors à vous demander si le problème vient de vous. Peut-être devriez-vous juste essayer plus fort de vous discipliner. J'ai envisagé cette possibilité de nombreuses fois et j'ai essayé d'être plus disciplinée dans mon travail, mon cercle social, et dans la façon dont je me conduisais. Cependant, cela n'a jamais fonctionné, car mes habitudes inconscientes me ramenaient toujours à la case départ. Je savais que j'avais besoin de réponses. Je devais comprendre pourquoi ma vie était ce qu'elle était et pourquoi je ressentais ce que je ressentais. Ce n'est qu'en sachant pourquoi que je pouvais trouver une solution.

Les réponses que j'ai obtenues grâce au groupe de soutien pour femmes allaient changer ma vie pour de bon.

Revenons un instant à ce tout premier jour.

Je me souviens être montée à l'étage où se trouvait l'espace du groupe de soutien. À l'extérieur de la porte, un panneau était accroché : Nous vous croyons !. C'était un message si simple, si basique. N'importe qui pourrait vous le dire, et cela semblerait souvent superficiel et faux, comme une vague politesse. Cependant, à ce moment-là et dans ce contexte, dans un endroit où des personnes étaient censées comprendre le type de traumatisme que j'avais traversé, le message m'a touchée. C'était exactement ce dont j'avais besoin de savoir. Cela m'a donné le signe que j'étais au bon endroit. Et effectivement, ce sentiment n'a fait que grandir au fil des premières séances.

Dès le début, la leader du groupe nous a donné des instructions claires :

- Ne donnez pas de conseils aux autres.

- Laissez une personne pleurer sans intervenir.

- Si vous ne voulez pas être touché(e) par les autres participantes, dites-le, et les autres respecteront ce droit.

En d'autres termes, cela a créé un espace sûr parfait dont nous avions toutes besoin pour exprimer nos peines.

Nous nous réunissions tous les vendredis matin et discutions d'une variété de sujets. Les préjugés sur les agressions sexuelles furent l'un des premiers thèmes abordés, et cela a servi de bon brise-glace. Tout le monde avait beaucoup à dire sur les stéréotypes que les gens ont à propos des agressions sexuelles. Par exemple, il y a une hypothèse courante selon laquelle les agressions sexuelles sont plus susceptibles d'être perpétrées par des étrangers. Comme beaucoup de survivants peuvent en témoigner, la plupart des agresseurs ont tendance à être des personnes proches de la victime ou de sa famille : des parents, des voisins, et des amis. Une autre hypothèse est que les victimes provoquent d'une certaine manière l'abus. Cela est, bien sûr, totalement faux, car de jeunes enfants n'ont aucune capacité à penser à de tels actes horribles, et personne, à aucun âge, n'inviterait une telle chose. Malheureusement, ces stéréotypes empêchent de nombreuses victimes de chercher de l'aide ou de demander justice. Même si une victime parle, certains peuvent prétendre qu'elle le fait pour attirer l'attention.

Tant d'obstacles se dressent sur le chemin d'un(e) survivant(e) pour guérir de ses souffrances. Ainsi, les victimes intériorisent les objections des autres avant même d'essayer de demander de l'aide. Autrement dit, elles rejettent leur propre expérience avant que d'autres ne puissent le faire. Ceux qui essaient de parler à quelqu'un de leur abus font face à des dénis et à des manipulations psychologiques. Tant de survivants d'abus sexuels dans l'enfance semblent avoir cela en commun avec moi : ils ont parlé à quelqu'un qui a nié leur expérience, en disant que leur agresseur ne ferait jamais une telle chose, ou que c'était peut-être juste un rêve. Une participante du groupe a même mentionné que dans sa famille, on lui avait dit : « S'il ne t'a pas pénétrée, ce n'est pas une agression sexuelle. » J'ai réellement compris ce que signifiait minimiser une expérience douloureuse.

Finalement, nous avons abordé les conséquences des abus sexuels dans l'enfance. Cela s'inscrit parfaitement dans l'aspect du déni de certains parents, car il semble que le traumatisme ait un impact psychologique encore plus négatif sur le développement de l'enfant victime si le parent nie la révélation de l'abus par l'enfant. Malheureusement, de nombreux parents ou adultes ont tendance à minimiser ou ignorer l'abus. Ils le font soit en prétendant que cela n'est jamais arrivé, soit en faisant semblant que cela n'aura pas de conséquences aussi graves sur la victime.

Évidemment, cela ne signifie pas que ces parents sont mauvais ou cruels. Beaucoup d'entre eux peuvent simplement être sous le choc, horrifiés à l'idée qu'une chose pareille ait pu arriver. Ils restent eux-mêmes dans le déni et, par inconfort, préfèrent refouler cette pensée. Le déni est confortable et moins stressant. Et parce que les enfants ne peuvent pas se défendre eux-mêmes, il est facile pour les parents de se cacher derrière une illusion.

Le problème, c'est que les enfants, à un jeune âge, sont incapables de voir leurs parents sous un jour négatif. Il est très difficile de changer d'opinion sur quelqu'un que vous admirez, qui prend soin de vous, est censé vous aimer inconditionnellement, vous protéger et vous nourrir depuis la majorité de votre courte vie. Cela crée donc une crise dans l'esprit de l'enfant. Au lieu de blâmer leurs parents, les enfants retournent les émotions négatives contre eux-mêmes, générant cette honte et cette culpabilité innées qui perdurent à l'âge adulte.

À ce stade, nous nous rapprochions de la surface des récits personnels des femmes du groupe.

Les autres femmes venaient de milieux très différents, mais nous étions toutes liées par notre expérience commune du traumatisme. Il était stupéfiant de constater que, malgré nos différences, nos récits étaient étrangement similaires, tout comme les effets qui les suivaient à l'âge adulte. De façon presque miraculeuse, les symptômes dissociatifs étaient courants parmi nous, même si nous ne réalisions pas ce qui se passait. Je n'étais pas la seule à avoir du mal à rester connectée au monde présent. Beaucoup d'entre elles luttaient contre la dépression, des problèmes de santé et une anxiété généralisée. Nombre d'entre elles avaient des difficultés dans leurs relations, ce qui les avait amenées ici ; leur traumatisme affectait leur mariage ou leurs liens familiaux.

Enfin, nous devions raconter au groupe les circonstances de nos histoires d'abus. Beaucoup de ces récits étaient choquants, c'est le moins qu'on puisse dire ; certaines femmes avaient vécu des événements traumatisants continus pendant plusieurs années de leur enfance. D'autres avaient été directement abusées par des membres de leur famille. Bien que tous les détails n'aient pas été expliqués, les histoires non dites m'ont tout de même marquée.

Quand ce fut mon tour, j'ai ressenti la peur d'être abattue par un sniper. La leader du groupe m'a dit que cette peur venait de l'impression que j'allais briser l'omerta, cette loi du silence maintenue par la mafia italienne pour empêcher les membres de révéler des informations s'ils étaient arrêtés par la police. En d'autres termes, je maintenais encore inconsciemment la promesse implicite faite à ma mère, sans même essayer. C'était comme si son ordre de ne pas en parler à mon père ou à qui que ce soit d'autre m'avait littéralement fermé la bouche. Pendant si longtemps, le silence avait été une norme pour moi, et cette peur était le mur qui m'empêchait de parler. J'aidais à préserver les secrets qui me hantaient.

Essentiellement, j'ai compris que j'avais été conditionnée à garder ma vérité pour moi. Bien sûr, il y avait d'autres raisons. Les survivants d'abus sexuels dans l'enfance gardent le silence parce qu'ils ont appris que personne ne les croira. À un moment donné, ils peuvent même avoir cessé de croire en eux-mêmes. Il est tellement facile pour les adultes de discréditer la perspective d'un enfant. C'est encore pire lorsque cet enfant est devenu adulte ; certaines personnes supposent rapidement qu'il se souvient mal des événements. En fait, c'est la raison pour laquelle de nombreuses victimes ne cherchent jamais à prendre des mesures contre leur agresseur. D'autres ont peut-être essayé de parler, mais ont été ignorées ou réduites au silence.

Bien que j'éprouvais de la peur avant d'aborder certains sujets, je ressentais un sentiment de bien-être entourée d'autres femmes comme moi.

Obtenir une réponse à cette peur, c'était comme recevoir la clé de ma liberté, me permettant d'ouvrir la porte quand je le voulais. La peur vient souvent de l'incertitude, mais lorsque vous comprenez, vous pouvez mieux contrôler votre réaction à cette peur. J'ai également appris à mieux comprendre pourquoi j'avais souvent des nausées. Ces nausées étaient un avertissement de mon moi enfant, qui avait appris que parler était dangereux et inutile. C'est pour cela que, parfois, je ne divulguais même pas des détails apparemment normaux sur moi-même ou mes opinions aux autres. Je me disais de rester silencieuse avant que les autres ne me réduisent au silence.

Le groupe était exactement ce dont j'avais besoin pour enfin briser le silence. Je me sentais en sécurité et protégée ; les autres femmes étaient solidaires, et j'ai appris à être, moi aussi solidaire. Il devenait plus facile d'avoir de l'empathie et de me connecter aux autres, surtout en réalisant que beaucoup de leurs histoires ressemblaient aux miennes. Je me sentais proche d'elles et je les comprenais. En même temps, je me sentais comprise. Nous discutions des petits signes et des choses que nous avions en commun et que d'autres personnes ne pouvaient pas comprendre. Nous parlions des sons qui nous irritaient, qui nous déclenchaient, des mots qui ravivaient certains souvenirs.

J'ai appris à nommer mes émotions et à les identifier sur le moment. Cela m'a aidée à ne plus être constamment submergée. Je pouvais mieux contrôler ce qui se passait en moi. J'ai appris à accueillir les émotions, même les plus négatives, sans en souffrir. Enfin, je pouvais m'écouter. Parce que c'est ce qui est le plus important, n'est-ce pas ? S'écouter soi-même et reconnaître ses émotions avant tout, même si les autres ne le font pas.

Une émotion importante que je devais reconnaître était ma honte. Parmi les psychologues spécialisés dans le traumatisme, la honte est l'un des aspects les plus destructeurs pour un individu ayant subi des abus, en particulier des abus sexuels. La honte est une forme toxique de culpabilité qui va au-delà du fait de se sentir désolé pour ce que l'on a fait. C'est ressentir du regret et de la négativité à propos de ce que l'on est, même si ce n'est pas mérité. En d'autres termes, vous n'avez rien fait pour mériter cette honte, mais vous ne pouvez pas vous empêcher de vous sentir coupable.

Les jeunes enfants pensent que si un parent ou un adulte est en colère contre eux ou les punit, c'est parce qu'ils n'ont pas fait quelque chose correctement. Par exemple, je me disais que j'aurais pu éviter d'aller chez le curé. Si je n'y étais pas allée, je ne me serais pas retrouvée dans cette situation. Ou j'aurais dû demander à l'étudiant en doctorat de me ramener immédiatement à la maison. Ou encore, j'aurais dû être plus silencieuse et apathique pour ne pas attirer l'attention de mes agresseurs.

Cependant, toutes ces choses que je me reprochais étaient irrationnelles et déraisonnables. C'est comme si on en voulait à un enfant de s'être écorché le genou. Devrait-il se sentir honteux d'être sorti jouer ?

Premièrement, il est important de noter que ces sentiments de honte n'auraient pas émergé si les adultes m'avaient écoutée. C'est pareil pour d'autres victimes d'abus sexuels dans l'enfance. Lorsqu'un enfant se confie à un adulte et que cet adulte lui donne l'impression que c'est sa faute ou refuse de le croire, cela envoie un message : l'enfant porte une part de responsabilité. Les enfants se disent qu'ils sont fautifs, car s'ils étaient innocents, leurs parents ou l'adulte à qui ils se sont confiés les auraient crus et auraient puni l'agresseur. Parfois, les parents se mettent en colère face à la révélation de l'enfant, et les enfants, incapables de se mettre pleinement à la place des autres, interprètent cette colère comme étant dirigée contre eux.

Dans mon cas, comme je n'avais pas le droit de parler à cause de la douleur que cela causait à ma mère, j'ai compris que lorsque je parlais, ma mère devenait triste. Alors, je ne parlais pas. D'autres parents peuvent causer encore plus de dégâts en blâmant directement l'enfant pour avoir menti ou s'être mis dans une situation à risque.

Sans ce problème d'incrédulité ou de déni, la honte n'aurait pas la chance de grandir pour devenir quelque chose de plus grand et de plus laid qu'elle ne devrait l'être. La honte ne devrait pas exister en premier lieu, car l'enfant est totalement innocent dans une telle situation. L'adulte respectueux des lois qui choisit d'abuser de l'enfant est entièrement et absolument responsable, car il connaît les règles et devrait avoir un contrôle total de ses facultés mentales et physiques.

Parlons des cas où la révélation d'un enfant mène à des actions concrètes. Bien que les films puissent décrire cela comme une histoire héroïque de justice, la réalité est bien différente. Souvent, la famille de la victime se détourne d'elle à cause de sa révélation. Par exemple, lorsqu'un enfant se confie à un conseiller scolaire ou un travailleur social à propos d'un agresseur qui est un parent ou un ami de la famille, cela peut déclencher une série d'actions juridiques obligatoires. Cela peut compréhensiblement provoquer des conflits familiaux. Les proches peuvent se détourner de la victime, la blâmant d'avoir troublé la paix. Cela peut entraîner des conséquences comme un divorce ou des poursuites judiciaires contre l'agresseur, ce qui peut engendrer du ressentiment. Ainsi, ces victimes doivent continuer à vivre dans un environnement tendu durant leur enfance, puisqu'elles dépendent encore de leurs parents.

Dans tous les cas, la honte et la culpabilité deviennent des éléments centraux de la vie de la victime. Elles ressentent du dégoût pour l'acte, pour elles-mêmes, de ne pas avoir été « assez fortes » pour empêcher l'abus de se produire. Ces émotions négatives affectent tous les aspects de leur concept de soi, leur donnant l'impression de ne pas mériter l'amour, les bonnes choses ou le bonheur. Elles se sentent dépouillées de leur dignité, de leur innocence et de leur humanité. Même si des choses positives surviennent dans leur vie, elles peuvent inconsciemment les éviter ou les rejeter parce qu'elles se sentent inconfortables. Elles n'y sont pas habituées.

Plus souvent encore, elles répètent leur victimisation, soit en traversant des situations similaires, soit, dans des cas graves, en infligeant à d'autres des abus. De nombreuses victimes se retrouvent à rechercher des scénarios dangereux ou toxiques, non pas parce qu'elles veulent répéter le premier abus, mais parce qu'elles veulent inconsciemment une autre chance de résoudre le problème. En d'autres termes, c'est comme perdre un niveau dans un jeu vidéo et le rejouer encore et encore jusqu'à le gagner. Dans la vie, cependant, ce niveau ne peut pas être gagné ; il doit être abandonné. Quant à celles qui deviennent abusives, elles peuvent chercher à retrouver leur pouvoir autrement, en intimidant d'autres enfants ou en adoptant des traits narcissiques pour survivre à l'âge adulte. Bien sûr, cela ne concerne pas tous les survivants d'abus sexuels dans l'enfance, mais c'est une possibilité.

Ces émotions de honte et de culpabilité peuvent aussi se transformer en colère et en rage, surtout plus tard dans la vie. En tant qu'enfants, les victimes ne peuvent pas exprimer leur véritable colère et leur dégoût envers leur agresseur. Cela s'accumule en elles au fil du temps. Bien sûr, cela n'aide pas lorsque l'on a l'impression que tout et tout le monde est contre soi. On peut être en colère contre son agresseur, contre ses parents ou sa famille, contre la société, contre l'échec du système judiciaire, contre soi-même plus tard dans la vie, contre l'incapacité à surmonter tout cela et à vivre comme on le souhaite. Les difficultés dans les relations, l'éducation ou le travail peuvent également nourrir cette colère envers soi-même. De plus, si vous avez du mal à exprimer des émotions saines, comme ce fut mon cas, vous pourriez les exprimer par la colère. Toute cette colère se mélange et devient une rage explosive, irrationnelle, que personne ne semble comprendre. Vous avez l'impression d'être contre le monde entier.

D'après mon expérience avec le groupe de soutien, transférer la responsabilité à l'agresseur, sans minimiser les effets néfastes de l'abus, était crucial pour libérer une partie de la culpabilité et de la honte que je portais. J'ai dû comprendre que je n'étais pas responsable des émotions des autres, et cela passait par l'établissement de limites.

Il est essentiel de créer des limites autour de vos émotions. Par limites, j'entends établir une ligne claire entre où vous commencez et où vous terminez, et où les autres commencent et terminent en relation avec vous. Souvent, nous, qui avons subi des abus, effaçons complètement les frontières entre nous-mêmes et les autres, au point de ne plus savoir de qui proviennent les émotions que nous ressentons. Avons-nous pris une décision parce que nous le voulions, ou parce que nous pensions que c'était la bonne décision pour rendre quelqu'un d'autre heureux ? En d'autres termes, nous nous minimisons à un tel point que nous maximisons l'importance des autres. Cela signifie que nos sens hypervigilants captent le langage corporel des autres et interprètent chaque petit signe comme nous étant personnellement adressé. Nous utilisons ces signaux pour guider nos propres réponses et actions dans la vie.

Cela peut sembler être un superpouvoir, mais ce n'est pas le cas. C'est un système de détection défaillant. Nous devenons incroyablement sensibles aux émotions négatives des autres, ignorant toutes les émotions positives, car nous n'avons pas été entraînés à les percevoir. Seules les émotions négatives étaient importantes à observer pour nous garder hors de danger. En reconnaissant une émotion négative chez quelqu'un, qu'elle soit évidente ou non, nous l'attribuons à nous-mêmes. Par exemple, si un collègue passe une mauvaise journée sans rapport avec vous et arrive au travail avec un langage corporel négatif, vous pourriez penser que c'est de votre faute ou que vous avez fait quelque chose de mal. Peut-être auriez-vous dû sourire davantage, parler plus gentiment ou l'aider davantage dans ses tâches. Ensuite, vous commencez à vous sentir coupable et responsable de quelque chose qui n'a rien à voir avec vous.

Tout cela remonte à la prise de responsabilité pour notre traumatisme. Par exemple, lorsque ma mère a nié mon abus, j'ai internalisé cela comme étant ma faute. Je me sentais coupable d'avoir mis ma mère dans une situation difficile. Je me sentais responsable du fait qu'elle ait rejeté ma révélation. Cela s'appelle une responsabilité erronée, et cela vient du besoin de contrôler les choses en tant qu'enfant.

En prenant seulement la responsabilité de mes émotions et de rien d'autre, j'ai pu briser ce cycle.

Rejoindre le groupe de soutien a été l'une des meilleures décisions de ma vie, et cela m'a permis de grandir plus que je ne l'aurais imaginé.

9

OUTILS POUR CONTRER LA DISSOCIATION

Vous souvenez-vous quand je vous ai dit que, pour moi, la dissociation donnait l'impression d'une vie coupée en deux : avant le traumatisme et après le traumatisme ? Puis, plus tard, avant de me souvenir et après m'en être souvenue. Le jour où les souvenirs sont revenus, j'ai ressenti comme si une partie de moi-même m'était rendue, comme si une couture invisible dans mon esprit était enfin réparée.

Cela s'explique simplement : le traumatisme bouleverse votre identité, votre perception du monde et votre propre histoire. Plus vous parvenez à apaiser la dissociation, plus vous sentez que vous revenez à vous-même — que vous retrouvez un sens de soi plus stable, plus vivant, plus solide.

Si vous luttez contre la dissociation, alors après avoir surmonté vos problèmes de dépendance, la prochaine grande étape est de vous y attaquer avec courage. C'est une vérité que j'ai apprise au fil de mon propre parcours.

Guérir de la dissociation, c'est comme réparer un pont entre vous et votre vie. Chaque épisode dissociatif crée une distance, un voile, qui vous éloigne de vos relations, de vos rêves, de votre présent. Mais cette distance n'est pas une fatalité.

Certaines personnes, notamment celles vivant avec un trouble dissociatif de l'identité (TDI), ressentent cette fracture de façon encore plus intense, leur esprit créant plusieurs identités pour survivre au traumatisme. Même si le TDI peut accompagner une personne longtemps, les symptômes de dissociation peuvent s'alléger, et c'est là qu'une immense transformation devient possible.

À chaque pas vers votre guérison, vous renforcez le lien avec vous-même. Vous récupérez votre présence, votre force, votre histoire. Vous n'êtes pas brisé·e : vous êtes en train de vous reconstruire, plus solide, plus vivant·e, plus libre que jamais.

Avant de vous laisser, j'aimerais vous offrir quelques outils précieux que j'ai découverts pour aider à réduire la dissociation.

Les techniques d'ancrage sont de véritables trésors, surtout pour celles et ceux qui ont traversé des abus sexuels dans l'enfance, ou d'autres blessures profondes.

Quand on porte en soi les marques du traumatisme, il peut devenir difficile de rester pleinement présent. Comme une ombre silencieuse, le passé plane souvent en arrière-plan, empêchant de goûter pleinement à l'instant présent.

C'est là que l'ancrage entre en scène. Il vous invite doucement à revenir ici, maintenant, dans votre réalité, loin des souvenirs douloureux.

Ces techniques vous aident à vous reconnecter à votre corps, à vos sens, à ce qui est vivant autour de vous. Elles vous offrent un refuge, un point d'appui pour traverser les vagues d'émotions et réduire l'emprise des déclencheurs.

Avec le temps et de la bienveillance envers vous-même, elles peuvent devenir de véritables compagnes de route pour retrouver plus de paix, de force et de lumière dans votre quotidien.

Dans le groupe d'entraide, nous devions pratiquer une plus grande conscience des moments où nous nous dissocions. Nous le faisions en identifiant les moments où nous nous déconnectons de notre corps, puis en notant les circonstances de l'événement. Par exemple, si vous avez une conversation avec quelqu'un, vous devez noter les moments où vous ne pouviez plus suivre la discussion. La méthode consiste à essayer de se souvenir de la dernière phrase juste avant la coupure dans votre mémoire. Souvent, c'est cette phrase qui a pu faire remonter des sentiments négatifs de votre passé, déclenchant ainsi la dissociation. Plus vous pratiquez le rappel de ce que vous avez entendu en dernier, mieux vous entraînez votre mémoire. Ensuite, vous notez cette phrase et essayez de ressentir l'émotion qui est apparue après cette dernière phrase.

Je devais emporter mon carnet partout pour écrire ce qui venait de m'arriver en temps réel. Une fois, alors que je faisais cela, j'ai dû expliquer à l'ami avec qui je parlais pourquoi je prenais des notes pendant notre conversation. En le faisant, j'ai soudain ressenti de la culpabilité. Pourquoi me sentais-je coupable ? Je n'avais aucune raison de ressentir cette émotion dans cet échange, ce qui signifie qu'elle venait du passé, qu'elle était une émotion qui avait émergé de mon subconscient. En réfléchissant aux sentiments en lien avec ce dont nous parlions, j'ai réalisé que quelque chose dans la conversation avait déclenché le souvenir d'un mot que ma mère m'avait dit lorsque je lui avais parlé des abus de mon oncle. Comme si j'avais été la cause de ce qui m'était arrivé. Je pense que cela m'a marquée, même sans que je m'en rende compte, se révélant comme une honte profonde en moi.

Cette réflexion a mené à une autre libération intérieure.

Normalement, cette émotion négative m'aurait rendue défensive et m'aurait poussée à réagir ou à m'en prendre à la personne avec qui je parlais. En étant plus consciente, j'ai évité de me disputer avec mon ami pour une raison si insignifiante, provenant en réalité de mon passé. En identifiant son origine, je l'ai en quelque sorte désamorcée.

Comme le disent les experts, la conscience est la première étape du changement.

J'ai pu constater les bienfaits d'être en contact avec mes émotions dans cet exemple, même celles qui me faisaient le plus souffrir. Car, pour moi, la véritable souffrance, c'est de ne pas savoir ce qui se passe à l'intérieur. Lorsque j'ignore mes émotions et que je ne peux pas les nommer, je ne fais que réagir à ce qui m'entoure. Je qualifie cela d'enfer, car c'est dans ce contexte que j'exprime ma colère explosive et que je n'arrive pas à me faire d'amis. Comme je veux avoir des relations harmonieuses, prendre les meilleures décisions pour moi et rester en contact avec mes émotions, je parviens alors à obtenir les résultats les plus fantastiques. Le monde semble soudain plus agréable et paisible.

L'auto-observation, qui consiste à noter ses propres résultats, est l'un des outils les plus importants pour gérer la dissociation et s'inspire de la TCC (thérapie cognitivo-comportementale). C'est une compétence qui consiste à développer une conscience de vos pensées, émotions et comportements. Améliorer vos compétences en auto-observation vous aide à mieux vous adapter et à modifier votre réaction face à une situation. Cela découle de la pleine conscience, une pratique qui consiste à concentrer votre attention sur le moment présent sans le critiquer ni le juger. Cela signifie que vous vous connectez à la situation actuelle et vous vous détachez des émotions subjectives. Par exemple, dans une situation généralement stressante, vous devez vous éloigner mentalement et simplement observer le moment sans aucune émotion positive ou négative. Vous êtes juste un témoin.

Lorsqu'un épisode de dissociation survient ou semble imminent, prenez un instant pour vous poser ces trois questions simples. Elles vous aideront à repérer les premiers signes et à mieux comprendre ce qui se passe en vous :

Question à se poser	Exemple de réponse possible
Où étais-je ?	"J'étais dans la cuisine, en train de préparer le repas."
Avec qui étais-je ?	"J'étais seul(e)." ou "J'étais avec un collègue."
Quel est le dernier sujet ou la dernière phrase dont je me rappelle avant de me sentir dissocié(e) ?	"Je me souviens que quelqu'un a évoqué un événement familial difficile."

OUTILS POUR CONTRER LA DISSOCIATION

Version Express :

Fiche Express : Repérer mes Déclencheurs de Dissociation
Remplissez rapidement après un moment de dissociation ou de malaise :

Élément à observer	Réponse rapide	Notes (facultatif)
Où étais-je ?	☐ Maison ☐ Travail ☐ Dehors ☐ Autre : _____	
Avec qui étais-je ?	☐ Seul(e) ☐ Famille ☐ Ami(e) ☐ Collègue ☐ Inconnu(e)	
Dernier sujet évoqué ou dernière phrase entendue ?	_____	
Sensations physiques remarquées ?	☐ Étourdissement ☐ Gorge serrée ☐ Mains moites ☐ Autre : _____	
Émotion juste avant la dissociation ?	☐ Peur ☐ Tristesse ☐ Colère ☐ Vide émotionnel	
Intensité ressentie (0-10)	☐ 0	

Pour pratiquer la pleine conscience, et par extension l'auto-observation, vous devez vous concentrer sur votre respiration et vos informations sensorielles :

- Remarquez comment vous vous sentez physiquement, quelles sensations vous ressentez, ce que vous voyez ou sentez, etc.

La pleine conscience est très bénéfique pour réduire l'anxiété et la dépression, ainsi que pour améliorer votre capacité de concentration et éviter de vous déconnecter. De nombreuses thérapies efficaces utilisent la pleine conscience dans leurs pratiques, mais vous pouvez aussi la pratiquer chez vous.

Alors, comment pouvez-vous commencer à intégrer la pleine conscience dans votre routine quotidienne ? Il existe plusieurs techniques que vous pouvez adopter.

Premièrement, il est important de pratiquer la respiration profonde.

La respiration lente et diaphragmatique consiste à respirer directement depuis votre diaphragme, la zone située entre votre abdomen et vos côtes.

Lorsque vous respirez profondément :

- Votre ventre monte et descend.

- Vous ressentez une expansion de la cavité vers le haut et l'extérieur.

Les bienfaits de la respiration profonde :

- Régule votre système nerveux

- Réduit les effets du mode survie en contrecarrant les réactions de stress

- Diminue la fréquence cardiaque et la tension artérielle

- Stabilise le rythme respiratoire

Contrairement à la respiration rapide et superficielle, qui accompagne le stress, la respiration profonde aide à retrouver un état de calme et de bien-être.

Pour votre santé mentale, la respiration profonde recentre l'attention de votre cerveau sur le moment présent. Lorsque vous vous concentrez sur votre respiration, vous revenez dans votre corps au lieu de rester déconnecté. La dissociation est une réponse au traumatisme liée à un système nerveux hyperactif. En calmant cette alerte du système nerveux, il n'y a plus besoin de dissociation. De plus, cela vous ancre dans le présent.

Cette focalisation sur la respiration est l'une des raisons pour lesquelles la méditation est également une excellente méthode d'ancrage. Divers types de méditation peuvent vous aider à améliorer votre pleine conscience à court et à long terme. En prime, cela apporte aussi un soulagement mental. Une méditation qui m'aide à m'arrêter et à me reconnecter à mon corps est la méditation de scan corporel. Avec elle, je me reconnecte à ce que mon corps ressent. Être déconnecté de son corps peut nous faire perdre de vue nos sensations, notre faim, et d'autres signes clés. Par exemple, vous pourriez ressentir l'anxiété physiquement plutôt que mentalement ou émotionnellement, surtout si vous n'avez pas encore appris à identifier vos émotions. Avec la méditation de scan corporel, vous pouvez identifier les endroits où votre corps est tendu, si votre système digestif est calme ou si vos membres sont agités. Cela vous permet de savoir si vous devez faire une pause pour vous reposer ou vous calmer. Elle est également utile pour identifier les zones clés de votre corps qui retiennent beaucoup de traumatismes.

Pratiquer la méditation de scan corporel

    1. Installez-vous dans un endroit calme

Respirez quelques instants jusqu'à vous sentir centré.

2. Commencez par le sommet de votre tête et concentrez-vous sur vos sensations :

Est-ce léger ou tendu ?

Détendu ou crispé ?

3. Descendez progressivement :

Front

Visage

Oreilles

Cou

Explorez chaque zone et observez ce que vous ressentez.

4. Scannez tout votre corps, de la tête aux pieds, en accordant de l'attention à chaque partie.

Les bienfaits du scan corporel

- Améliore la concentration
- Réduit les douleurs et tensions chroniques
- Aide à mieux gérer le stress
- Permet d'être à l'écoute de son corps au quotidien

Pratiquer régulièrement cette méditation vous aidera à prendre soin de vous et à rester en harmonie avec votre corps.

Méditations pour l'ancrage et la gestion de la dissociation

Parmi les méditations bénéfiques, la méditation de bienveillance aimante peut vous aider à libérer le ressentiment et à pratiquer l'amour.

Comment pratiquer cette méditation ?

1. Installez-vous dans un espace relaxant

Respirez profondément et détendez-vous.

2. Visualisez l'amour sous différentes formes :

Pensez à une personne que vous aimez

Imaginez-lui envoyer de l'amour et de la bienveillance.

Visualisez une personne qui vous aime

Imaginez-la en train de vous inonder de vagues d'amour.

Envoyez de l'amour à une personne avec qui vous avez du mal

Il peut s'agir de quelqu'un avec qui vous avez une relation difficile (mais pas votre agresseur).

3. Laissez l'amour circuler et ressentez cette connexion

Vous pouvez changer les personnes que vous imaginez à chaque session.

Pourquoi pratiquer cette méditation ?

- Aide à gérer la solitude
- Apaise les conflits relationnels
- Libère le ressentiment et les émotions négatives
- Favorise un sentiment de connexion et d'amour universel

Cette pratique vous permet d'apprendre à ressentir l'amour et à cultiver une paix intérieure profonde.

Rappelez-vous que ces techniques ne nécessitent pas toujours beaucoup de temps. Tout ce dont vous avez besoin, c'est de quelques minutes pour suivre les étapes, et parfois 5 ou 10 minutes suffisent.

Suivre des scripts de méditation sur YouTube peut être très utile si vous avez du mal à garder le fil pendant une session de méditation en solo.

10

LA STRATÉGIE DES TROIS ÉTAPES SIMPLES

LA TECHNIQUE D'ANCRAGE ET LE DÉFI

Apprendre à m'ancrer est l'un des enseignements les plus précieux que j'ai reçus.

Le but de la guérison des traumatismes est de faire la paix avec vos émotions. Si vous ne les ressentez pas, comment pouvez-vous faire la paix avec elles ? Si vous ne parvenez pas à faire la paix avec elles, les émotions refoulées ressortiront de manière insidieuse et causeront des ravages dans votre vie.

Il y a également de nombreuses autres raisons de pratiquer l'ancrage. D'une part, cela vous aide à être plus présent dans votre vie, à réellement la vivre et à l'améliorer. Si vous ne pouvez pas être ancré, il est difficile de prêter attention et de vous concentrer sur ce qui est important, que ce soit au travail ou dans vos relations. Cela peut aussi rendre compliqué la réduction de l'impact des déclencheurs liés aux traumatismes. Les techniques d'ancrage vous aident à rétablir la paix et l'équilibre de votre système nerveux lorsque vous êtes troublé sans raison apparente. Avec le temps, elles vous apportent aussi une meilleure conscience de vous-même et une capacité de réflexion pour identifier et réduire vos points problématiques.

Une technique d'ancrage en particulier m'a énormément aidée. Il en existe beaucoup, mais je vous recommande d'en choisir une et de la pratiquer régulièrement. Avec le temps, vous commencerez à l'utiliser automatiquement.

Même quatre ans après avoir appris cette technique d'ancrage, j'ai pu maintenir de bonnes relations avec mon compagnon, mes collègues et mes clients. Je ne réagis plus aux commentaires négatifs. Cela a sauvé ma vie : j'ai gardé mon travail, j'apprécie mes collègues, et je peux communiquer avec ma famille sans la tension ni la peur d'autrefois. C'est incroyable à quel point ce fut efficace. C'est comme si mon passé ne teintait plus mon présent, ce qui est extrêmement libérateur.

Désormais, avant de répondre négativement à quelqu'un parce que je me sens ignorée ou rejetée, je pratique cette technique d'ancrage. Elle peut sembler facile ou trop simple au début, mais elle m'a aidée à faire confiance à mes émotions et à prendre des décisions plus conscientes.

Voici comment pratiquer la technique :

Asseyez-vous (ou tenez-vous debout) avec vos pieds à plat sur le sol. Si cela vous aide, imaginez que vos pieds sont enracinés dans le sol, afin de sentir physiquement cet ancrage.

Regardez autour de vous. Nommez 5 choses que vous voyez devant vous. Nommez 5 choses que vous entendez. Ensuite, nommez l'émotion que vous ressentez à cet instant.

5 choses que je vois devant moi :
    1. mon ordinateur
    2. une table
    3. mon verre d'eau
    4. mon cellulaire
    5. et la fenêtre

5 choses que j'entends :
    1. la ventilation
    2. le ronflement de ma chienne
    3. le bruit d'une automobile dehors (c'est tout).

Quelle est mon émotion ? Quel est mon besoin ?

Si je suis incapable d'identifier l'un ou l'autre, je refais l'exercice avec quatre choses que je vois devant moi, puis quatre choses que j'entends.

Tant que je ne peux nommer mon émotion ou mon besoin, je répète les mêmes étapes avec 3, 2 et 1 chose(s) que je vois et que j'entends.

Il se peut que vous ne parveniez pas à identifier l'émotion. Cela est normal chez les personnes souffrant de symptômes dissociatifs graves, comme moi. Cela peut prendre du temps avant de pouvoir ressentir ou comprendre vos émotions, mais chaque fois que vous essayez cette technique, vous constaterez vos progrès. La première fois, cela peut vous prendre quatre séries de la technique. Après quelques semaines, vous n'aurez peut-être besoin que de deux séries.

Quelques suggestions :

Si possible, je recommande de faire cet exercice trois fois par jour, mais une fois par jour est déjà bien. Cela m'a beaucoup aidée dans des situations de stress intense, lorsque j'étais en déplacement, dans une salle d'attente, pendant une pause au travail ou même avant que des clients n'arrivent. Heureusement, pratiquer cette technique quotidiennement renforce votre « muscle d'ancrage », ce qui vous permet de prendre naturellement une pause quand vous en avez besoin.

Pour ma part, il m'a fallu trois jours, en faisant cet exercice trois fois par jour, pour être capable de nommer la colère. Avant, je ne pouvais pas identifier que je ressentais de la colère avant d'exploser. Maintenant, plus vous apprenez à identifier vos émotions, plus vous débloquez des niveaux d'émotions profondes liées aux traumatismes, enfermées dans votre esprit. Rappelez-vous que nommer quelque chose réduit son pouvoir. Comprendre quelque chose diminue la peur que vous en avez. Cette technique d'ancrage m'a aidée à me libérer de l'inconfort et de l'envie de fuir face à des émotions difficiles.

De plus, c'est un excellent outil à utiliser lorsque vous êtes submergé par vos émotions et que vous ne savez pas comment agir. Au lieu de réagir selon votre premier réflexe, vous pouvez vous arrêter et réfléchir à la manière dont vous souhaitez répondre à la situation. Grâce à cet avantage, vous avez un meilleur contrôle sur vous-même, vos actions et votre vie.

Utilisez le code QR ci-dessous pour télécharger votre copie du défi 7-jours d'Ancrage.

Défi 7-jours

Vous pouvez aussi utiliser l'adresse suivante pour me contacter : nancyloyat3@gmail.com

11

LES 5 LIBERTÉS (DE VIRGINIA SATIR)

La technique des 5 Libertés : Un outil pour renforcer l'estime de soi

La technique des 5 Libertés vise à surmonter la stigmatisation et à vous aider à renforcer votre estime de soi. Elle a été créée par la psychothérapeute Virginia Satir, qui a identifié cinq principes essentiels pour mieux vivre et communiquer avec le monde extérieur. Son travail visait à aider les individus à devenir pleinement humains, en développant une connaissance profonde de soi et des autres.

Les 5 Libertés de Virginia Satir sont une série d'affirmations qui peuvent favoriser l'amour de soi. Elles offrent cinq rappels essentiels pour nous libérer des limites qui nous empêchent d'atteindre un véritable respect et amour de nous-mêmes.

Pourquoi l'amour de soi est-il si important ?

L'amour de soi semble hors de portée pour les survivants d'abus sexuels dans l'enfance. Il est difficile de se sentir digne ou précieux, et encore plus compliqué de se valoriser ou de se donner la priorité.

Souvent, ce qui peut être le plus guérisseur, c'est la compassion que vous vous offrez à vous-même, celle que personne ne vous a donnée en grandissant. Une idée répandue est que l'absence d'amour est à la racine des émotions négatives. La colère, la peur, l'anxiété et d'autres émotions difficiles sont souvent renforcées par le fait qu'aucune figure bienveillante ne nous a jamais réconfortés lorsque nous les ressentions dans notre enfance.

Les émotions non validées continuent de réapparaître, et sans apprentissage, nous ne savons pas comment nous apaiser. La solution pourrait être de remplir cet espace vide par l'amour de soi. En quelque sorte, il s'agit de se reparentaliser : vous devenez les parents qui ne vous ont pas offert cet amour inconditionnel en vous apportant aujourd'hui l'affection et la bienveillance dont vous avez besoin.

Le défi de l'amour de soi

L'amour de soi n'est pas facile à cultiver. Vous pouvez avoir des croyances négatives sur vous-même, ancrées depuis l'enfance, qui rendent difficile l'acceptation de qui vous êtes. Comment s'accepter quand on ne s'aime pas, ou pire, quand on ne sait même pas qui l'on est ?

Pour commencer à vous aimer, il est essentiel de réduire vos schémas mentaux négatifs. Votre dialogue intérieur influence directement ce que vous ressentez. Diriger votre attention vers votre monde intérieur peut sembler difficile au début, surtout si vous ne l'avez jamais fait.

Mais voici la bonne nouvelle : c'est possible. Avec de la pratique et de la répétition, vous pouvez apprendre à orienter votre esprit vers des pensées plus bienveillantes qui vous soutiennent plutôt que de vous rabaisser. Pour cela, il faut pratiquer les affirmations des 5 Libertés.

Par "affirmer", on entend se rappeler et se répéter ces nouvelles croyances, qui vous aideront à vous libérer de vos limitations mentales.

Les 5 Libertés de Virginia Satir

1. La Liberté d'Être

Être simplement soi-même est un défi. Cela va à l'encontre de tout ce que nous avons appris.

Être, c'est exister tel que nous sommes, sans rejet de soi.

Cette liberté nous permet de remonter à la surface, au lieu de nous laisser submerger par l'océan de notre passé.

Elle nous aide à nous incarner pleinement, au lieu de vivre dans un état de rêve éveillé, où nous nous accrochons à notre histoire passée ou à des fantasmes sur ce que nous voulons désespérément.

S'autoriser à être permet de retrouver son authenticité, sans ressentir le besoin de jouer un rôle ou d'échapper à la honte d'être soi-même.

Affirmation à se répéter :

"Je suis libre d'être tel que je suis. Je suis moi. Je n'ai rien à prouver, je peux simplement être."

Cette affirmation apporte un sentiment de paix, notamment si vous luttez contre la honte ou l'anxiété.

Si je me sens mal à propos de mes accomplissements, je me rappelle que j'ai autant le droit que quiconque d'exister et de profiter de la vie, indépendamment de mes réussites matérielles.

2. La Liberté de Décider Ce Que l'On Pense et Ressent

Cette liberté nous rend notre pouvoir personnel.

- Nous avons tendance à réprimer nos pensées et émotions réelles.

- Nous nous jugeons nous-mêmes pour ce que nous pensons ou ressentons, ce qui nous coupe encore plus de notre véritable nature.

- Nous croyons qu'il y a une manière "correcte" de ressentir ou de penser, imposée par la société ou notre éducation.

Mais ces normes sont souvent arbitraires et peuvent même être le fruit de mécanismes de protection inconscients.

Beaucoup de survivants d'abus grandissent avec une voix critique intérieure, qui ressemble étrangement à celle d'un adulte qui les a autrefois rejetés.

Cette voix n'est pas la vôtre.

Affirmer cette liberté vous aide à vous détacher de ces pensées critiques et à observer ce que vous croyez réellement.

Vous avez le droit de décider ce que vous ressentez et pensez.

Exemple concret :

Vous postulez pour un emploi de rêve et, après beaucoup d'efforts, vous n'êtes pas retenu.

Réaction saine basée sur la liberté de pensée et de ressenti :

"C'est décevant, mais je sais que je vais m'en remettre et trouver d'autres opportunités."

Réaction influencée par des pensées limitantes :

- "Je suis nul. Si mes parents, ma famille, ou mes amis savaient, ils penseraient que je suis un raté."*

- "C'est un signe que je n'y arriverai jamais."*

Le piège est de laisser les autres (ou notre passé) dicter comment nous devrions nous sentir.

Affirmation à se répéter :

"Je suis libre de penser et ressentir ce que je veux. Mes émotions et pensées m'appartiennent, et personne d'autre ne peut décider à ma place."

En pratiquant ces affirmations quotidiennement, vous vous donnerez la permission de vivre plus librement et d'abandonner les schémas qui vous limitent.

Les trois autres Libertés (choisir comment s'exprimer, comment agir et comment aimer) suivent cette même logique et permettent de retrouver son pouvoir personnel.

Après avoir exploré la liberté d'être et la liberté de penser et ressentir, nous allons maintenant découvrir les trois autres libertés fondamentales pour développer l'amour de soi et se libérer des limites imposées par notre passé.

3. La Liberté de Dire Ce Que l'On Ressent et Pense

Beaucoup d'entre nous censurent leurs pensées et émotions par peur d'être rejetés, critiqués ou ignorés.

- Nous avons peut-être grandi dans un environnement où exprimer ses émotions était mal vu.

- Nous avons appris à taire nos besoins pour éviter les conflits ou pour plaire aux autres.

- Parfois, nous modifions notre discours pour correspondre aux attentes des autres, même si cela nous fait du mal.

Pourtant, exprimer ce que l'on pense et ressent est essentiel pour une vie épanouie.

Cette liberté nous rappelle que nous avons le droit de parler et de nous exprimer sans peur.

Exemple concret :

Imaginez que vous êtes dans une relation où vous vous sentez ignoré ou incompris. Vous pourriez choisir de vous taire, pensant que votre ressenti n'est pas légitime.

Réaction basée sur la liberté d'expression :

"J'ai le droit de dire ce que je ressens et ce que je pense. Mon ressenti est valide."
Réaction influencée par la peur :

- "Si je dis ce que je ressens, la personne va m'abandonner ou se mettre en colère."

Affirmation à se répéter :

"Je suis libre d'exprimer ce que je pense et ressens. Ma voix compte."
Cette affirmation nous rappelle que nous avons le droit d'exister pleinement, y compris par la parole.

4. La Liberté de Choisir Comment Agir

Nos actions sont souvent influencées par des peurs, des automatismes ou des conditionnements hérités du passé.

- Nous pouvons avoir peur d'échouer, d'être jugés ou de décevoir les autres.

- Nous nous sentons parfois coincés dans des schémas répétitifs, comme si nous étions prisonniers de notre propre comportement.

- Nous avons appris à réagir automatiquement aux situations sans nous demander ce que nous voulons vraiment.

Cette liberté nous rappelle que nous avons le choix.

Nous pouvons agir en accord avec nous-mêmes et non par obligation ou par peur.

Exemple concret :

Vous vous sentez épuisé, mais vous avez l'habitude de toujours dire oui aux demandes des autres.

Réaction basée sur la liberté d'action :

"J'ai le droit de dire non si je ressens le besoin de me reposer."
Réaction influencée par la culpabilité :

- "Si je dis non, on va penser que je suis égoïste."

Affirmation à se répéter :

"Je suis libre d'agir comme je le souhaite. Je choisis mes actions en fonction de ce qui est bon pour moi."
Cette affirmation nous permet de reprendre le contrôle sur nos choix et nos décisions.

5. La Liberté de Choisir Qui Aimer et Comment Aimer

Beaucoup de personnes ayant vécu des traumatismes ont du mal à donner et recevoir de l'amour.

- Nous avons peut-être été blessés par ceux qui auraient dû nous aimer.

- Nous avons peur de nous attacher et d'être rejetés.

- Nous nous sentons parfois indignes d'amour.

Cette liberté nous rappelle que l'amour est un choix, et qu'il nous appartient.

Exemple concret :

Vous avez grandi dans une famille où l'amour était conditionnel. On vous donnait de l'affection seulement si vous répondiez aux attentes des autres.

Réaction basée sur la liberté d'aimer :

"Je suis libre d'aimer sans peur, sans obligation et sans culpabilité."
Réaction influencée par le passé :

- "Je dois prouver ma valeur pour être aimé(e)."

Affirmation à se répéter :

"Je suis libre d'aimer qui je veux et de recevoir l'amour sans condition."
L'amour n'est pas une récompense. C'est quelque chose que nous méritons tous, indépendamment de ce que nous avons vécu.

En résumé : les 5 Libertés à se répéter chaque jour

1. La Liberté d'Être

"Je suis libre d'être qui je suis, sans honte ni justification."

2. La Liberté de Penser et Ressentir

"Je suis libre de choisir mes pensées et mes émotions."

3. La Liberté d'Exprimer mes Pensées et Sentiments

"J'ai le droit de dire ce que je ressens et ce que je pense."

4. La Liberté d'Agir

"Je suis libre de choisir mes actions en accord avec mes besoins."

5. La Liberté d'Aimer

"Je suis libre d'aimer et d'être aimé(e), sans condition."

Ces affirmations, répétées quotidiennement, vous aideront à vous libérer des croyances limitantes et à cultiver un amour profond pour vous-même.

La liberté de ressentir

Beaucoup d'entre nous n'ont jamais appris à ressentir pleinement leurs émotions. La plupart d'entre nous ont appris à ne pas ressentir, à réprimer et à éviter d'exprimer nos sentiments. De cette manière, nous continuons à nous invalider nous-mêmes, tout comme les autres l'ont fait lorsque nous étions enfants. Avec la liberté de ressentir, vous pouvez vivre vos émotions telles qu'elles sont, sans vous soucier de ce que vous êtes censé ressentir. Il s'agit d'être authentique et sincère avec vous-même dans le traitement de vos émotions.

Nous ne voulons jamais nous sentir « faux » ou « mal » à propos de ce que nous ressentons. Si une situation appelle des émotions négatives ou difficiles, se sentir coupable ou mal à propos de ces émotions ne fait qu'aggraver la situation. Souvenez-vous que cette liberté consiste à accepter consciemment que vos émotions naturelles sont valables, sans pour autant les laisser vous envahir. Cela ne signifie pas rejeter vos émotions parce que vous croyez que vous ne devriez pas les ressentir. Cela conduit à des émotions non traitées. Au lieu de cela, donnez-vous du temps et de l'espace pour ressentir vos émotions lorsqu'elles surgissent.

La liberté de demander

Il est si facile d'éviter de demander de l'aide ou de chercher du soutien. Parfois, nous pensons que nous ne pouvons pas demander sans avoir d'abord obtenu une permission ou une validation. Cela peut découler d'un manque de confiance en soi ou d'un comportement de « plaire aux autres ». Nous ne voulons pas déranger ou être une gêne. C'est comme si nous avions abandonné notre volonté de demander de l'aide ou de choisir ce que nous voulons. Cela provient souvent d'un manque de respect de soi.

Cela peut remonter à un moment où quelqu'un nous a retiré le droit de demander de l'aide. Ou encore, lorsqu'on a essayé de s'exprimer et que quelqu'un nous a fait taire. Nous avons appris à baisser la tête, à diminuer notre voix, et à ignorer nos besoins.

L'indépendance, ce n'est pas croire que l'on est seul. C'est avoir confiance en soi pour savoir quand on peut gérer quelque chose par soi-même et quand il est temps de demander de l'aide. C'est une sagesse intérieure qui vous permet de simplement demander à d'autres lorsque vous ne savez pas quelque chose. Être trop nerveux ou hésitant pour chercher de l'aide est une réponse au traumatisme. Quelqu'un avec un sens de soi sain peut demander de l'aide sans s'inquiéter de ce que l'autre ressent, car c'est son droit.

La liberté de demander s'applique aussi à demander ce que vous voulez : de l'amour ou d'autres objectifs. Ironiquement, ce sont souvent les personnes qui ont le plus besoin d'amour qui n'arrivent pas à le demander de la bonne manière, voire pas du tout. Je vous encourage à pratiquer cette liberté et à demander ce dont vous avez besoin.

La liberté de prendre des risques

Vivre, c'est prendre des risques. Quitter sa zone de confort peut être très difficile pour les individus traumatisés. L'inconfort est perçu comme dangereux, car il pourrait signifier des ennuis. Malheureusement, cela nous empêche de progresser dans la vie. Nous ne pouvons pas nous améliorer ou grandir si nous ne prenons pas de risques. Cette peur peut nous immobiliser, nous empêchant d'agir ou de faire des choix qui pourraient améliorer notre vie.

Nous avons grandi avec la peur des risques au lieu d'avoir foi en la possibilité d'un avenir positif. Prendre des actions est toujours le seul moyen de nous libérer de notre statut de victime. Les actions nous projettent dans le futur, et le fait de choisir ce que nous faisons met notre avenir entre nos mains. En prenant des risques, nous assumons davantage la responsabilité de nos actions et de leurs conséquences, au lieu de penser que la vie « nous arrive ».

Vivre selon les cinq libertés

Vivre selon ces libertés peut sembler difficile, mais cela ne l'est que parce que nous sommes restés trop longtemps prisonniers de notre esprit. Lorsque nous parvenons à briser ces chaînes, nous découvrons l'immense beauté de la liberté. Par liberté, j'entends un pouvoir accru en nous-mêmes. Reconnaître que vous avez la liberté d'être, de penser, de ressentir, de demander et de prendre des risques vous aide à accepter qui vous êtes et à communiquer cela avec confiance.

Ces libertés vont également à l'encontre du perfectionnisme, qui est l'un des mensonges les plus destructeurs que nous nous racontons. Il n'y a pas de manière « parfaite » de penser, ressentir ou être autre que d'être tel que vous êtes. Bien sûr, vous pouvez choisir comment vous souhaitez vivre et réagir à la vie à mesure que vous apprenez à mieux vous connaître. Cela ne demande pas la perfection, mais simplement l'acceptation de qui vous êtes à l'instant présent, avec une volonté de travailler progressivement sur ce que vous souhaitez changer.

Exemple d'application

Supposons que vous ne voulez plus exploser de colère lorsque votre partenaire rentre tard, car vous paniquez et pensez qu'il vous trompe. Essayer d'arrêter cela parfaitement dès le départ ne fonctionnera pas, car vous ne comprenez pas encore bien vos émotions. Cela empirera les choses, car si vous faites une erreur, vous serez frustré contre vous-même.

Pourquoi ne pouvez-vous pas répondre « normalement » ?

La bonne façon d'agir est d'accepter que vous pouvez ressentir de l'anxiété à l'idée que votre partenaire puisse vous tromper. C'est une émotion compréhensible. Cependant, vous pouvez aussi traiter vos pensées de manière rationnelle : « J'ai la liberté de ressentir et de penser ce que je ressens et pense. Mais j'ai également le pouvoir de comprendre rationnellement que je n'ai pas tous les faits. J'accepte mes émotions maintenant, mais je sais aussi qu'elles passeront. »

C'est une forme d'autorégulation. Vous restez fidèle à vous-même sans laisser vos émotions vous submerger. Enfin, rappelez-vous que vous avez la liberté de demander plus d'amour et de soutien à votre partenaire pour vous sentir plus en sécurité dans votre relation et moins anxieux à l'avenir.

12

Faites une différence grâce à votre avis

Le pouvoir du partage généreux

« Le plus petit acte de gentillesse vaut mieux que la plus grande des intentions. » – Oscar Wilde

Les personnes qui donnent sans rien attendre en retour vivent souvent des vies plus riches et plus paisibles. Et si, ensemble, on aidait quelqu'un d'autre à avancer ?

Vous souvenez-vous de ce moment où vous cherchiez des réponses sur la dissociation émotionnelle, sans savoir par où commencer ?

Votre avis peut aider une autre personne qui, comme vous, essaie de comprendre ce qu'elle ressent et veut enfin se sentir entière.

Ma mission avec ce livre est de rendre la guérison plus simple, plus douce, et accessible à tous ceux qui en ont besoin.

Mais pour toucher plus de monde, j'ai besoin de votre aide.

Beaucoup choisissent leur lecture en lisant les avis des autres. En laissant le vôtre, vous pourriez faire une vraie différence.

Votre avis, même très court, pourrait aider...

... une femme à mettre des mots sur ce qu'elle vit depuis si longtemps.

... un survivant à se sentir moins seul.

... une personne à comprendre qu'elle n'est pas « cassée ».

... une âme courageuse à entamer son chemin de guérison.

... une voix à se relever après des années de silence.

Pour partager votre avis, il suffit de cliquer ou scanner ce lien :

Review Link

Si vous aimez faire du bien autour de vous, alors vous êtes vraiment une belle personne.

Merci du fond du cœur

Nancy Loyat

13

Conclusion

De nombreuses fois dans ma vie, j'ai pensé que je ne pourrais pas surmonter les grands obstacles. Le secret que j'ai gardé si longtemps a marqué le moment le plus déterminant de mon enfance, et je suis encore contrariée qu'il ait dû s'agir d'un événement aussi malheureux. Vivre dans une société religieuse qui place les adultes respectés au-dessus des enfants innocents et victimes m'a profondément affectée.

Les abus sexuels sur enfants sont souvent entourés d'un lourd silence. Trop souvent, ceux qui devraient protéger – famille, amis, voisins – choisissent de détourner le regard. Parfois, ce silence va jusqu'au déni de la part d'un parent. Ces blessures sont d'autant plus profondes lorsqu'elles viennent de figures respectées, influentes, ou puissantes :

un membre du clergé, un enseignant, un étudiant brillant, un adulte admiré.

Ces violences touchent les plus vulnérables : les enfants. Et longtemps, elles peuvent laisser derrière elles un sentiment d'impuissance, qui persiste même à l'âge adulte.

Mais il est possible de transformer ce silence en voix, cette souffrance en force.

Même si les conséquences sont lourdes — troubles de l'humeur, anxiété, TSPT, comportements d'autodestruction — il existe un chemin de retour à soi. Un chemin vers la reconstruction.

Aujourd'hui encore, je me demande combien d'enfants n'ont pas été entendus. Mais je sais aussi que chaque voix qui s'élève brise un peu plus le mur du silence. Chaque histoire racontée éclaire le chemin pour d'autres. Et chaque pas vers la guérison est un acte de courage et de puissance.

Nous ne sommes pas seuls. Et nous ne sommes pas impuissants. Notre douleur a une place. Mais elle n'est pas notre fin. Notre lumière intérieure, elle, n'a jamais cessé d'exister.

En fin de compte, ma guérison dépend de moi, de mon désir de sortir cette souffrance. Il en va de même pour toutes les victimes. Bien que la justice soit essentielle, elle ne guérira pas les nombreuses conséquences du traumatisme. Plus que tout, j'ai dû travailler sur la dissociation émotionnelle pour pouvoir au moins ressentir mes émotions et me sentir humaine. Elle m'avait empêchée de me connaître moi-même, et de retrouver cette connexion a été la plus grande récompense. Les victimes souffrant de dissociation survivent, mais ne vivent pas à leur plein potentiel. Lorsque j'ai appris l'origine de ce problème, pourquoi je me sentais émotionnellement engourdie et constamment en colère, j'ai pu devenir plus consciente de ce que j'aimais, je voulais ou pas.

Faire face à des mécanismes d'adaptation inefficaces

Certains mécanismes d'adaptation peuvent devenir un frein à notre développement. Ils peuvent nous protéger à court terme, mais finissent par devenir toxiques et nuisibles. À un moment donné, il faut choisir les mécanismes d'adaptation qui nous aideront réellement et laisser derrière nous ceux qui nous retiennent dans le passé. Pour moi, cela signifiait abandonner les relations sexuelles utilisées pour éviter l'intimité et arrêter d'utiliser l'alcool pour engourdir mes souvenirs traumatiques. J'ai dû me couper de ces choses pour pouvoir récupérer mes souvenirs, trouver des réponses à propos de mon traumatisme et enfin guérir.

Trouver la paix dans un groupe de soutien

Bien que j'aie essayé différentes approches, c'est dans un groupe de soutien pour femmes, dédié aux survivantes d'abus sexuels dans l'enfance, que j'ai trouvé la paix. Si je devais vous donner un seul conseil à retenir de mon histoire, c'est de trouver un groupe de thérapie qui correspond à votre situation. Cela vous aidera à vous sentir moins seul(e) et plus compris(e). De nombreux survivants partagent des effets et des conséquences similaires à l'âge adulte, mais les groupes de soutien généralistes ne sont pas toujours aussi accueillants.

Techniques de guérison qui m'ont aidée

Voici un résumé des techniques qui m'ont le plus aidée :

Apprendre à nommer les émotions : Connaître les émotions, comment elles se manifestent dans votre corps, pour mieux les reconnaître.

S'ancrer en période d'émotions intenses : Utiliser un mantra, une image mentale, un mouvement ou un objet, comme un bracelet, pour retrouver le calme.

Contre la dissociation :

Respiration profonde pour calmer le système nerveux

Pleine conscience

Méditation de scan corporel

CONCLUSION

Méditation de bienveillance

Les Cinq Libertés : Affirmez-vous chaque jour que vous avez droit à ces libertés :

La liberté d'être

La liberté de choisir comment vous pensez

La liberté de ressentir

La liberté de demander

La liberté de prendre des risques

Je sais à quel point il peut être difficile, pour beaucoup de survivantes et survivants d'abus sexuels dans l'enfance, de trouver des repères clairs pour amorcer leur chemin de guérison. L'information est parfois floue, trop clinique, ou simplement absente. Et pendant ce temps, la douleur continue de peser.

Mais aujourd'hui, vous avez entre les mains des bases solides.

Des pistes pour avancer, pour commencer à vous libérer doucement — mais sûrement — de l'emprise du traumatisme.

Et même si ce chemin peut sembler intimidant, je vous le dis du fond du cœur : vous êtes capable.

Quel que soit votre âge, quel que soit votre passé, il n'est jamais trop tard pour reprendre le fil de votre histoire.

Il est temps, à votre rythme, de choisir la guérison consciente.

Je me souviens du moment où j'ai décidé de ne plus laisser mes blessures inconscientes guider ma vie.

Quand j'ai cessé de fuir mes réactions automatiques pour commencer à les observer, à les comprendre... c'est là que tout a changé.

C'est ce choix qui m'a permis de faire de vraies percées :

retrouver des souvenirs enfouis, décoder mes mécanismes de survie,

et surtout... me reconnecter à moi-même.

Ce n'est pas un chemin facile, mais il est possible. Et vous n'êtes pas seul(e).

Chaque pas, même minuscule, compte.

Chaque prise de conscience est une victoire.

Et chaque jour est une chance de vous rapprocher de cette paix intérieure que vous méritez profondément.

14

Ressources

Rapport d'enquête AMTV mars 2015. (2015, March). Mémoire Traumatique. Retrieved July 14, 2022, from

Dealing with triggers. (n.d.). Opening the Circle. Retrieved September 19, 2022, from http://www.openingthecircle.ca/defining-abuse/dealing-with-triggers

The long-term effects of childhood sexual abuse : Counseling implications. (n.d.). American Counseling Association.

Claims, I. (2018, July 19). Does Sexual Abuse in Childhood Impact Development and Intimacy in Relationships? [Video]. YouTube. Retrieved September 19, 2022, from https://www.youtube.com/watch?v=Xo8eqgHxSV8&feature=youtu.be

Adult Manifestations of Childhood Sexual Abuse. (n.d.). ACOG. Retrieved September 19, 2022, from https://www.acog.org/clinical/clinical-guidance/committee-opinion/articles/2011/08/adult-manifestations-of-childhood-sexual-abuse

Long-Term effects of child sex abuse. (2021). Abuse Lawsuit. Retrieved August 1, 2022, from https://www.abuselawsuit.com/resources/effects-of-sexual-abuse/

Quiet Revolution. (n.d.). Retrieved September 19, 2022, from http://individual.utoronto.ca/hayes/xty_canada/quietrev.html

www.ingramcontent.com/pod-product-compliance
Lightning Source LLC
Chambersburg PA
CBHW071718020426
42333CB00017B/2321